日本習俗超圖解

深植日本人生活的開運方法

前言

日本文化中的「習俗」是增添生活樂趣的溫和調味劑

自古以來，日本人的生活中便存在著各式各樣的傳統習俗。每項習俗都有著各自的由來與歷史，其中也蘊含著眾人渴盼在人生中獲得福氣和運氣，以及健康長壽的願望。

新年時會布置新年擺飾以迎接年神、享用年菜、進行新年參拜；節分時會驅逐鬼怪、招來福氣；女兒節時擺設雛人偶；端午節泡菖蒲澡。到了彼岸這一天會掃墓，在季節交替之際進行換季，盂蘭盆會時祭祀祖先，除夕這一天則是掃除家中，並享用跨年蕎麥麵。

春、夏、秋、冬，四季均有其傳統習俗。

這些伴隨著季節到來的「例行節慶」為我們的日常增添變化，並讓生活更充滿活力。

此外也不能漏談的是慶祝人生重要階段的「通過儀禮」以及「冠婚喪祭」的

禮俗。這些禮俗期盼新生命可以平安到來、也祈求新生兒的健康，七五三節時感謝家中孩童順利成長，成人式上慶祝長大成人，婚禮上則是歡慶結婚。

這些習俗與禮俗是自古流傳下來的習慣，既然是慣例，那麼也就是不折不扣的日本文化。

而本書是以「提升運氣」為出發點，網羅並整理了諸多習俗與禮俗。希望書中內容可以讓各位讀者的生活增添樂趣，成為生活中帶來適度刺激的調味劑。

Contents

第二章

提升運氣的「夏季」習俗

第三章

提升運氣的「秋季」習俗

第四章

提升運氣的「冬季」習俗

第五章

提升運氣的「人生」禮俗

序章

認識習俗

自古以來有眾多傳統習俗被傳承下來。
即使我們平日不會特別意識到，
但在日常生活中依舊與例行節慶及
冠婚喪祭有著緊密的連結。

Prologue

其一

人生中充滿了「傳統習俗」！

各個季節的例行節慶，以及人生中重要階段的通過儀禮，全都是傳統習俗。

話說「習俗」究竟是什麼？

查詢「習俗」這個詞的意思，可以得到「打從過去延續下來的行為、習慣、慣例」這樣的解釋。比方說新年時會吃年菜或雜煮、會進行新年參拜，節分時撒豆等例行節慶，正是打從過去延續下來的行為、習慣、慣例。此外，慶祝小孩成長的節日或七五三，以及慶祝人生中重要階段的成人式、結婚典禮、祝壽的賀宴或是遭逢不幸時的葬禮等通過儀禮，又或者是祭祀往生者的彼岸或是盂蘭盆會，這些全都是自古延續下來的習俗。

這些習俗最初都是從對神佛表達虔敬與感謝之情，並且祈求居家平安與健康順遂、出人頭地及好運的儀式所演化而來的。而將這些傳統習俗傳承下去，更能進一步強化人與人之間的連結感。此外，由於日本人是農耕民族，自古以來始終配合著季節的變化進行農活，所以表示季節的曆法也是傳統習俗中相當重要的關鍵概念。

推算月亮與太陽運行所誕生的「曆法」

目前全世界包含日本在內，所使用的曆法是以太陽為中心的太陽曆（格列高里曆），在太陽曆中一年基本上是三百六十五天。但在此之前，日本所使用的曆法是以飛鳥時代自中國傳入的曆法為基礎，再配合日本的季節變化陸續加以改良，使用期間長達將近一千五百年。而這套曆法也成為了老百姓在生活中所舉行的例行節慶以及自古延續至今的習俗的依據。

這套古代的曆法被稱為「舊曆」，而現行的曆法則是稱為「新曆」。舊曆是以月亮（太陰）和太陽為基礎所制定，也被稱作是「太陰太陽曆」。此外，在此之前還存在有以月亮的陰晴圓缺作為基準的「太陰曆」曆法。

太陰曆

太陰曆是以月亮的陰晴圓缺為基準，所採用的是始於新月也終於新月的「朔望月」。以現在的太陽曆來說，一個朔望月約為 29 天半。12 個朔望月即為一年，但與太陽曆中的一年相較之下，會短上 11 至 12 天，也因此太陰曆的缺點是一年之始會逐漸提早。

太陰太陽曆

太陰太陽曆是以太陰曆為基礎，並改善了其缺點的曆法，日本在採用太陽曆以前，所使用的一直是這套曆法，此即所謂的「舊曆」。發生於太陰曆中的季節失準問題，可透過每 2～3 年制定一次 13 個月的年來解決，其中又以每 19 年加入 7 個閏月的「麥冬法」準確度最高。

太陽曆

太陽曆以太陽的運行為基礎，是現今幾乎為全世界各國所採用的標準曆法，別名為「格列高里曆」。太陽曆的準確度極高，大約 300 年才會產生一天的誤差。

順道一提，日本是在明治 6（1873）年改為採用格列高里曆

舊曆中的季節無視日本四季的存在？

日本人是農耕民族，對於四季的變化相當敏感，並將其視為進行農活的指標。比方說察覺到「現在差不多是播種的最佳時期」這種可以正確掌握季節的能力，就獲取農活必要資訊來說是不可或缺的。然而舊曆（太陰太陽曆）的曆法跟日本的季節之間是有落差的，在舊曆中季節的區分如下：

春→2月4日～5月5日左右
夏→5月6日～8月7日左右
秋→8月8日～1月7日左右
冬→11月8日～2月3日左右

如果以這樣的季節區分作為指標，那根本就種不成稻。也因此，在曆法之外另外被創造出來的便是二十四節氣。

符合農活節奏，可判斷季節的「二十四節氣」

舊曆雖然適用於日本的四季，但卻與日常的農活節奏有些許落差，而古代人為了掌握季節的變化，於是創造出了二十四節氣。

從地球所觀察到的太陽移動軌跡為「黃道」，將黃道切割為二十四等分，並以此為基準將太陽所通過的時間段搭配季節為之命名，便是二十四節氣。晝夜長短一致的春分跟秋分，以及一年中白天最長的夏至和白天最短的冬至，都屬於二十四節氣。

不過二十四節氣最初是以中國黃河中下游地區的風土氣候為基準所制定，因此和日本的季節之間出現落差也是莫可奈何的事。不過依舊無損於二十四節氣作為判斷季節的指標，因此也被日本人接受。還有另一個區分法是將二十四節氣再進一步切割為三等分，一年總共可被劃分為七十二等分，得名「七十二候」，而這樣的曆法也是從中國傳入的。

二十四節氣

※ 新曆日期為判斷的基準

※ 二十四節氣的「節」是判斷季節的指標，「中」則是判斷當月份是幾月的指標

季節	二十四節氣	新曆日期	舊曆月份
初春	立春	2 月 4 日前後	1 月節
	雨水	2 月 19 日前後	1 月中
仲春	啟蟄	3 月 6 日前後	2 月節
	春分	3 月 21 日前後	2 月中
晚春	清明	4 月 5 日前後	3 月節
	穀雨	4 月 20 日前後	3 月中
初夏	立夏	5 月 6 日前後	4 月節
	小滿	5 月 21 日前後	4 月中
仲夏	芒種	6 月 6 日前後	5 月節
	夏至	6 月 21 日前後	5 月中
晚夏	小暑	7 月 7 日前後	6 月節
	大暑	7 月 23 日前後	6 月中
初秋	立秋	8 月 8 日前後	7 月節
	處暑	8 月 23 日前後	7 月中
仲秋	白露	9 月 8 日前後	8 月節
	秋分	9 月 23 日前後	8 月中
晚秋	寒露	10 月 8 日前後	9 月節
	霜降	10 月 23 日前後	9 月中
初冬	立冬	11 月 8 日前後	10 月節
	小雪	11 月 23 日前後	10 月中
仲冬	大雪	12 月 7 日前後	11 月節
	冬至	12 月 22 日前後	11 月中
晚冬	小寒	1 月 6 日前後	12 月節
	大寒	1 月 20 日前後	12 月中

日本特有的節日「雜節」（參照第 73 頁）

二十四節氣是為了判斷季節而被創造出來的曆法，並為日本所採用。但因為二十四節氣誕生於中國，無法完全貼合日本的實際情況，日本人於是創造出日本特有的「雜節」。雜節精準地貼合了日本的四季與氣候，被視為生活與農活的節奏指標。

「陰陽五行說」為中國古代哲學之一，是將陰陽說和五行說綜合起來而誕生的思想，而陰陽五行說在與地支結合後，對於曆法與占卜都帶來了影響。

在陰陽說的觀點中，世上萬物均由「陰」「陽」這兩種相對的氣所構成。

另一方面，五行說則認為萬物是由「木、火、土、金、水」這五種元素所構成，而各元素之間又構成反覆消長的關係。

傳達至地表的太陽熱能和太陽光以一年為單位增長消滅，因而產生春夏秋冬四季。陰陽五行說便以這種四季變化的概念為基礎，是試圖說明這種變化規則的一套思想。

陰陽五行說在傳入日本後，讓實踐陰陽五行思想的陰陽道蔚為風行。而精通陰陽道的陰陽師參與朝廷或幕府的祭典或是儀式的基本結構也因此成形。

■ 陰陽道

無論是政治或道德，甚至日常生活層面，都能透過成雙成對的兩個相反現象來解讀。以季節來說，秋跟冬屬陰，春跟夏屬陽。夏至的陽氣最旺，過了夏至之後陰氣漸旺，陽氣漸衰。相反地，陰氣則是在冬至最旺。在陰陽道的思想中，這種相反的現象並非互相敵對，而是藉由彼此間不斷地反覆消長來維持自然界的秩序。

陰陽的特性

主題	陰	陽
天體	月亮	太陽
明暗	黑暗	光明
晝夜	夜晚	白天
性別	女性	男性
兄弟	弟	兄
動靜	靜	動
數字	偶數	奇數
數學	負（－）	正（＋）
天氣	雨天	晴天
季節	秋與冬	春與夏
方位	北與西	南與東

■五行說

古代中國是透過五行中的五個元素來解讀這個世界，而五行說的「行」，所代表的便是「循環」「運行」。就這層意義來說，所指的是木、火、土、金、水的星體運行，但這五個行星有別於恆星，它們的運行既複雜又神祕，在古代中國人的觀念中，更與這個世界中的各種現象大有關係。

而五行說也認為，無論是大自然或人類或是社會，都是依據木、火、土、金、水這五個元素的固定循環法則進行變化。

各種事物都能套上五行的性質去解讀，下表中便整理出了五行的特性。五行說是透過木化為土、土中生出水，這種創造的關係（相生），以及木在燃燒後成為火，接著又化為土這種破壞的關係（相剋）而成立的。在五行說與陰陽說結合後，陰陽五行說便就此誕生。

五行的相生與相剋

五種氣若是依木、火、土、金、水的順序相互順應而生便是「相生」（圖中紅線）；相反地，若是依木、火、土、金、水的順序與對向的元素相互攻擊，便是「相剋」（圖中灰線）。

五行的特性

主題	木	火	土	金	水
顏色	藍	紅	黃	白	黑
天體	木星	火星	土星	金星	水星
季節	春	夏	土用	秋	冬
方位	東	南	中央	西	北
五節	人日	上巳	端午	七夕	重陽
五指	無名指	中指	食指	大拇指	小指
五感	視覺	聽覺	嗅覺	味覺	觸覺
感情	喜	樂	怨	怒	哀
氣候	風	熱	濕	燥	寒
味覺	酸	苦	甘	辣	鹹

可以表示日、月、時辰、方位的天干地支

每年接近年底時，干支就會備受矚目。不過其實這樣的說法有誤，正確來說應該是「備受矚目的十二支」，因為干支指的是十個天干與十二個地支組合起來的意思*1。十二個地支分別是子、丑、寅、卯、辰、巳、午、未、申、酉、戌、亥，可以表示年份；而十個天干則是甲、乙、丙、丁、戊、己、庚、辛、壬、癸，是數算日子的用語。天干每十年循環一次，地支則是每十二年循環一次，而天干地支組合起來總共有六十種排列組合方法。

天干地支在飛鳥時代傳入日本，留名歷史的「壬申之亂」以及「戊辰戰爭」等，都是以事件發生年份所對應的天干地支被命名的。此外，方位以及時辰也可以用地支來表示。晚上十一點～凌晨一點間的兩個小時為子時，之後每兩個小時都各自有其對應的地支。而時辰又被分為前半的「初刻」與後半的「正刻」。現在我們所稱呼的上午、下午，就是源自中午十二點的午時。順道一提，在怪談中經常聽到「草木皆悉入眠丑三之時*2」這麼一句台詞，所指的時間是凌晨二點～二點半左右。

一時（1個時辰）約莫為2小時，在古代又把一個時辰再分為4個時段。像「丑三之時」指的便是丑時的第3個時段。而更早之前的時制，則是以日出與日落來定出早晚六時，再將當中刻出6個時段。

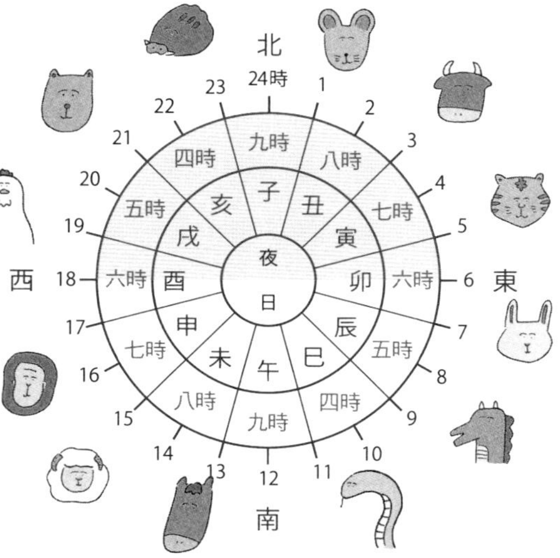

更早的時制很神奇的是以九時遞減的方式做時刻。有一說認為這是由9（陽數的最大數字）的倍數的個位數字來決定的，也就是說9×1＝9，所以是九時，9×2＝18，所以是八時，9×3＝27為七時，9×4＝36為六時，9×5＝45為五時，9×6＝54為四時。

六十干支

順道一提，2021 年的干支為「辛丑」（生肖為牛）。
下一次相同干支的年份出現時，將會是 60 年後的 2081 年。

1	2	3	4	5	6
甲子	乙丑	丙寅	丁卯	戊辰	己巳
7	8	9	10	11	12
庚午	辛未	壬申	癸酉	甲戌	乙亥
13	14	15	16	17	18
丙子	丁丑	戊寅	己卯	庚辰	辛巳
19	20	21	22	23	24
壬午	癸未	甲申	乙酉	丙戌	丁亥
25	26	27	28	29	30
戊子	己丑	庚寅	辛卯	壬辰	癸巳
31	32	33	34	35	36
甲午	乙未	丙申	丁酉	戊戌	己亥
37	38	39	40	41	42
庚子	辛丑	壬寅	癸卯	甲辰	乙巳
43	44	45	46	47	48
丙午	丁未	戊申	己酉	庚戌	辛亥
49	50	51	52	53	54
壬子	癸丑	甲寅	乙卯	丙辰	丁巳
55	56	57	58	59	60
戊午	己未	庚申	辛酉	壬戌	癸亥

*1：在日文中「干支」有生肖的意思。
*2：原文為「草木も眠る丑三つ時」，意思是夜深人靜之際。是講鬼故事時慣用的語句。

Prologue

其二

神道神及佛教神與習俗的關係

農耕與大自然所孕育出的自然信仰

日本擁有豐富的大自然以及美麗的四季，對於自古以來便是農耕民族的日本人而言，大自然當中存在著超越人知的神明。大自然所帶來的恩惠與災害雖是人類力量所無法相提並論的，但是古人相信將大自然奉為神明、潛心祈求的話，便能帶來豐收，他們也相信對大自然懷抱感恩的態度，自然能帶來下一次的豐收。就跟人類日復一日地工作一樣，這種祈求與感恩的行為，也在日常生活中被反覆執行，並傳承下去。

所有傳統習俗中，都可見神道神與佛教神的存在，其中的關係可說是難分難捨！

傳統習俗中的神道神與佛教神

佛教自中國傳入日本後日漸深入民眾的生活當中，這是因為系統化的佛教，透過經文以一種帶有說服力的方式為人所理解。不過日本自古以來的神祇信仰並未因此遭受否定，而是與佛教順利地融合。比方說忌諱死亡晦氣的神社所負責管轄的是與「生」有關的儀式，而葬禮、祭祀祖先等與死相關的儀式則是由佛教來負責。祈求順產或滿月參拜等消災祈福的儀式，又或者祈求豐收，是由神道神所掌管的（神事）；而盂蘭盆會或彼岸的祭祀儀式（佛事），則是歸類為佛教神所管轄的範圍。

日本的神道神以及佛教神

與生活相關的神明

農耕之神、
漁業之神、
商業之神等

佛教神

如來、菩薩、
明王等

自然界的神明

日神、月神、
風神等

※「人神 *1」有時也會被歸類為神明

主要的神事與佛事

神事	
1月1日	歲旦祭
2月3日前後	節分祭
2月17日前後	祈年祭
6月與12月的最後一天	大祓
10月17日	神嘗祭
11月23日	新嘗祭

佛事	
1月	修正會
2月	修二會
2月	涅槃會
3月	彼岸會
4月	灌佛會
8月	盂蘭盆會
9月	彼岸會
12月	成道會

*1：指的是歷史上實際存在、死後被神格化的人物。

在神祇信仰被整合為神道教的古代中期到中世以後，佛教與神道教的興衰隨著時代演進不斷反覆上演，在這過程中，佛教與神道教也產生了密切的結合。在過去可以見到佛教寺廟的廟地內建有神社，而神社的所有地中也蓋有佛教寺廟，而各種習俗也順應了當下的時代產生變化，並於江戶時代中期至後期演變為近似現代的形式。

在流傳至今的傳統習俗中，可以說幾乎絕大多數都與神道神或是佛教神脫不了關係。新年時迎接年神，節分時招呼福神，彼岸和盂蘭盆會時追思祖先、心存感恩，不管是這些例行節慶還是慶祝人生邁入重要階段的禮俗，又或者是祈求健康長壽或好運的七五三以及結婚典禮等通過儀禮，都是撇除神道神或佛教神不談便無法成立的。就像這樣，神道神與佛教神始終存在於人們自古以來所傳承下去的習俗之中。

神道神與佛教神所組成的團體「七福神」

在進入江戶時代以後，「七福神」這個由神道神與佛教神所組合成的團體人氣扶搖直上。七福神對於現代人來說並不陌生，但不曉得各位是否知道，七福神其實是由國籍和宗教各異的神道神和佛教神所組成的？也因此，供奉七福神的場所相當多元，既有神社也有寺廟。而其中最受歡迎的是抱著鯛魚、守護漁業和生意人的惠比壽神，而惠比壽神也是日本自古以來的神明。接著是印度的女河神、也是七福神中萬綠叢中一點紅的辯才天，祂被視為是庇佑學問、表演藝術和生意買賣的神明。

而這個極為獨特的七福神組合，或許也反映出了日本人獨有的彈性心態——承認自然界中有無數神靈存在，同時也接受來自國外的神明加入古代神明的行列。而傳統習俗也靈活地隨之變化，並受到後世的繼承。

七福神

惠比壽

惠比壽據說是伊邪那岐命 *1 的第三個小孩，也是七福神中唯一的日本神明。祂能保佑生意興隆、漁獲和稻作豐收，對一般民眾而言是相當親近的存在。

福祿壽

福祿壽是古代中國的道教神明，也是為人們帶來幸福（福）、財富（祿）、長壽（壽）的神明。

毘沙門天

毘沙門天是印度的財神俱毗羅，別名為「多聞天」，是守護佛法的四天王之一。毘沙門天也是勝負之神，是能運用武器來除厄的軍神。

壽老人

壽老人是道教神，被認為是南極星化身的南極老人。壽老人是能為人們實現健康、求子願望的福神，而隨侍於祂身邊的鹿也是長壽的象徵。

辯才天

辯才天是印度教的女神，名為薩拉斯瓦蒂，祂在古印度是最受到虔誠信仰的河神、農耕神。此外，辯才天很早就出現於佛教中，是音樂、學問、財富之神。

大黑天

大黑天是印度教中濕婆神的化身摩訶迦羅天，為廚房之神。而黑豆也被稱為大黑，有著「曬得再黑也要勤勉工作 *2」的意涵。

布袋尊

布袋尊是唐代著名的禪僧，他個頭小小的、頂著一個大肚楠，因為總是背著一個布袋隨心所欲過生活，所以得名布袋尊。祂能保佑家庭和樂、帶來福德。

*1：日本神話中開天闢地的神祇。
*2：日文中豆子的發音「まめ (mame)」與「勤勉、孜孜矻矻」的發音相同。

Prologue

其三

習俗中的「晴」與「褻」

為日常生活帶來變化！代表特別日子的「晴」，以及代表普通日子的「褻」。

深植於日本人生活中的「晴」與「褻」

日本人將祭典或是節慶、冠婚喪祭等非日常的情境稱為「晴日」，除此之外的日常生活則稱為「褻日」。晴日會享用或是穿上有別於日常的食物或服裝，以作出區隔。新年或是成人式上所穿的和服之所以被稱為「晴著*1」，理由便在此。在喜慶的宴席上不可或缺的紅豆飯、保留魚頭跟魚尾的魚和酒都是在晴日享用的料理。此外，除了神社或寺廟這種特定的晴日場域以外，假設在賞櫻花的環境下搭起紅白布幕，那麼這個空間便隨即搖身成為晴日的場域。

五節	人日節	人日節為1月7日，也是享用七草粥的日子。上巳節指的是3月3日的女兒節。五節均屬於晴日	P98
	上巳節		P30
	端午節		P42
	七夕		P54
	重陽節		P68
	盂蘭盆會	祭祀祖先	P60
通過儀禮	滿月參拜	反映人生重大階段的通過儀禮也屬於晴日。追悼往生者的「葬禮」最初雖然是被歸類為晴日，但也有人對此提出質疑，意見不一	P109
	七五三		P78、112
	開學典禮、畢業典禮		P112、113
	成人式		P100、113
	婚禮		P115
	祝壽賀宴		P116
	葬禮		P118

「晴」的用法

- **出席婚禮、打招呼時的說詞**

「感謝您招待我參加如此盛大的宴席（晴席）」

- **在成人式等邁入重要人生階段的場合上**

「恭喜各位迎向這值得慶祝的一天（晴日）」

除此之外……

「褻」的語源

「褻」的意思是「日常所穿的貼身衣物」，一直到明治時代為止，日常生活中所穿的衣物一直被稱作是「褻著」。此外，因為生病或是受傷導致日常生活停擺，這樣的狀況被稱作是「褻枯（氣枯）」（參照第 22 頁）。

＊1：日文寫作「晴れ着」，盛裝之意。
＊2：日文寫作「晴れ晴れ」。

「褻」會枯竭？消除「氣枯」的儀式

日常生活被稱為「褻日」，在這樣的日子中，人們不會隨心所欲地享受或玩樂，而是會孜孜矻矻投身於農活等工作中，但是當因為生病或受傷而導致「褻」的生活停擺時，這種情況便稱為「氣枯」*1。消除氣枯的方法是到神社接受消災除厄的儀式，古人認為這樣便能回復到「晴」的狀態。此外，一般也認為到神社參拜便能消除氣枯，獲得淨化。

現代的女兒節這個女孩子的節日，在過去其實也是源起於消除氣枯的儀式而來（參照第30頁）。藉由將氣枯轉嫁到作為當事人分身的人偶上，再將其放流至河中，便可消災解厄，據說這便是「流水雛人偶」的起源。每年到了六月和十二月也會舉辦「大祓」這樣的儀式，藉由跨過用茅草編成的草輪來消除氣枯（參照第50頁）。

消除「氣枯」，回到「晴」的狀態

跨茅輪

半年來所積累的晦氣可以藉由跨茅輪來消除。這樣的儀式每年會舉行兩次，分別是 6 月 30 日的「夏越祓」（參照第 50 頁）以及 12 月 30 日的「年越祓」。

流水雛人偶

3 月 3 日又被稱作「上巳節」，為五節之一，在過去可見舉行消災或是消除晦氣的儀式的習慣。儀式上會將晦氣或是災厄轉嫁至作為個人替身的人偶上，再將其放流至河中或海裡。

*1:「褻的枯竭」在日文中讀作「ケが枯れる（kegakareru）」，氣枯則是讀作「ケガレ（kegare）」，發音近似。

消除人生中「氣枯」的厄年

厄年所指的是以虛歲來說男性的二十五歲、四十二歲、六十一歲，以及女性的十九歲、三十三歲、三十七歲這幾年，而這些年紀的前一年與後一年分別又是「前厄」與「後厄」，是需要特別小心的時期。而在各個年紀中，特別以男性的四十二歲跟女性的三十三歲因為發音近似「死亡」跟「悽慘」，所以被稱為「大厄」，一般認為是要特別小心的年齡。

厄年是容易發生災難、不吉利的年齡，這樣的思想是由中國傳入，屬於陰陽道的概念，日後在貴族與武士階級間流傳開來。即使是在現代，大家依舊習慣會在厄年到神社或寺廟接受消災解厄的儀式。順道一提，這種接受消災解厄的行為在神社被稱為「拂厄」，在寺廟則是稱為「除厄」。

厄年表 ※ 年齡為虛歲

男性		
前厄	本厄	後厄
24 歲	25 歲	26 歲
41 歲	42 歲	43 歲
60 歲	61 歲	62 歲
女性		
前厄	本厄	後厄
18 歲	19 歲	20 歲
32 歲	33 歲	34 歲
36 歲	37 歲	38 歲

拂厄、除厄的祈禱儀式

一般認為厄年的祈禱儀式必須在立春（2 月 4 日前後）以前完成。

※ 不同地區時期可能有所出入

Prologue 其四

想要多少就有多少？關於運氣（緣起）的習俗

「運氣好」「吉祥話」
「運氣壞」「烏鴉嘴」
運氣出乎意料地讓人相當在意！

吉凶的前兆？運氣（緣起）真正的意義*1

早上泡茶時，如果茶梗立起來的話，便會心生「哇，今天一早就很幸運（緣起好）」的念頭；但如果一出家門就絆倒的話，可能就會覺得「怎麼那麼衰（緣起壞）」。另一方面，比賽前吃炸豬排祈求「勝利」的行為也很常見*2，所以我們才會說運氣（緣起）是可以被營造的*3。但是「運氣（緣起）」究竟是什麼？

緣起這個詞最初誕生於佛教的用語，其背後有著「因緣生起」這樣的概念，也就是說世上的萬事萬物均存在原因（因）與結果（起），同時受到力（緣）的支持而成立。緣起的法則是「此有故彼有，此生故彼生；此無故彼無，此滅故彼滅」，萬物間均存在著因果關係，而其自性則是被視為無法單獨成立的「空」。

但是現在我們日常生活中所使用的「緣起」一詞意義已經不同了。就如同開頭處所提到的一樣，這個詞其實大多是作為「吉凶的前兆」這樣的意義被使用。而大家因為希望碰到好的緣起，希望身邊存在好的緣起，也因此各式各樣可以招來緣起的「緣起物（開運物）」自古以來便廣受喜愛。

最具代表性的開運物（緣起物）

不倒翁

不倒翁的吉祥之處在於它怎麼推都不會倒，此外不倒翁也是祈求家庭和樂、生意興隆以及必勝的開運物，它的眉毛跟鬍子的形狀分別代表著鶴與龜。而可以自己畫上眼睛的是「緣起不倒翁」，在一開始許願時先畫上左眼，當願望實現後便可補上右眼。

繪馬

繪馬的吉祥處在於它能提升運氣，也是用於祈求好運的「祈禱物」。大家會將心願跟名字寫在畫有馬圖案的木板上，並把它供奉在神社內。繪馬是為了取代獻給神明坐騎用的神馬，改為用畫在木板上的馬進奉給神明所演化來的。

舉右手→提升財運

舉左手→招來人氣

招財貓

招財貓的吉祥處在於它可以招來客人與財運。舉右手的招財貓招的是「財運」，而舉左手的招財貓招的則是「人氣」。此外，招財貓舉起的手若是高過耳朵的話會稱為「長手」，手越長便能招來越遠以及越大的福氣。

緣起熊手

緣起熊手的吉祥處在於它可以將生意興隆、好運、財運給「耙進家門」。熊手上頭裝飾有千兩箱 *4 與阿龜、龜鶴等吉祥的飾品，在 11 月的酉市（參照第 76 頁）上是招來福氣的開運物，讓市集顯得熱鬧非凡。

*1：日文的「縁起」有吉凶的前兆之意，在中文中可譯為運氣。此處單採意譯無法與後文中解釋「縁起」一詞由來的內容呼應，因此折衷附上原文。
*2：日文的炸豬排（とんかつ）讀音近似「勝利（かつ）」，因此想祈求勝利時有吃炸豬排的習慣。
*3：日文慣用句「縁起をかつぐ」意思是藉由某些特定行為來祈求好運，引申意涵為「迷信」。
*4：江戶時代用來保管金貨幣的容器，引申意涵為聚寶盆。阿龜的說明詳見「酉市」一節。

Column 01

眾神的國度～日本
家裡頭也有好多神明！

古代人認為遠古時代的日本存在著諸多神明。以山神、海神為首，既有棲身於大自然中的神明，也有棲身於田中、山間，以及用於耕作的農具中的神明。就連交談的話語中，也存在著「言靈」這樣的神明。

就像是我們的習俗中可見神明存在一樣（參照第 16 頁），在一般日常生活中，神明也始終伴隨在我們的身邊。

守護家庭的眾神

日本的神明並非萬能，每個神明各司其擅長的領域。祂們在相互扶持、互相合作的情況下守護著我們，以下便是存在於家中最具代表性的神明。

灶神	以前家家戶戶都有可以炊煮飯菜的灶，而灶神也被視為是全家的守護神，受到虔誠的祭拜
火神	火神別名為「火之迦具土神」或是「荒神」
浴室之神	浴室之神名為「天之水分神」，也有人會將水天宮或是辯才天放在家中用水之處，作為水神來祭拜
廁所之神	廁所之神名為「烏樞沙摩明王」，祂是孕育新生命的神明，據說孕婦只要將廁所打掃乾淨，便能生下乖小孩
儲物間之神	儲物間在以前是農家於春天存放稻種的重要空間，一般認為穀物中也有神明存在，因此會虔誠祭拜儲物間
水井之神	在水井所祭拜的神明是水神，而水神又被稱作「龍神大人」。當水井不再使用、要埋起來時，會請來神主 *1 進行淨化儀式以及感謝神明所賜予恩惠的祈禱儀式
地主神	古時候的人會在自家土地內的小神祠中祭祀土地的神明「土地神」。另外稻荷神也是地主神
家門之神	守護自家宅邸入口處的神明，祂會阻擋來自外部的邪氣。別名為「天石門別神」

*1：神社的祭司。

第一章

提升運氣的「春季」習俗

女兒節與春季彼岸，
賞花、八十八夜以及端午節。
本章將自三～五月當中為人所熟知的
各種例行節慶中，
介紹可提升運氣的「春季」習俗。

Spring Tradition

3月～5月

春季的習俗月曆

自古以來便有「無論天氣再冷再熱，過了彼岸便告一段落」這樣的說法，進入三月後，便正式迎向春天。本章將介紹三～五月中可提升運氣的習俗。就讓我們接收習俗中所隱藏的力量，邁向新的年度吧！

※雜節以及二十四節氣的日期或期間會因年而異，本書所記載的是大約的時間點。

3月（彌生）

彌生為「草木彌生月」的簡稱。「彌」有著「益發」之意，代表草木益發茂盛的月份。季節上屬於仲春。過了落在彼岸期間中間日的春分後，季節便從春天推移至夏天。

日	傳統習俗・五節・雜節	二十四節氣
1		
2		
3	女兒節（上巳節）→ P30	
4		
5		
6		啟蟄落在此時
7		
8		
9		
10		
11		
12		
13		
14		
15		
16		
17		
18	春季彼岸（入彼岸）→ P32	
19		
20	春分之日（國定假日）	
21		春分落在此時
22		
23		
24	（出彼岸）	
25		
26		
27		
28	進入賞花季節 → P34	
29		
30		
31		

啟蟄

啟蟄是自冬眠中醒來的昆蟲從洞中探身而出的時期。「啟」的意思是「打開」，「蟄」則是指藏身於土中的蟲類（青蛙或蛇）。

春分

晝夜長短幾乎差不多的日子，過了這一天，白天會逐漸變長。包含彼岸中間日的前後 3 天在內，這段期間被稱為春季彼岸。

4月（卯月）

卯月是齒葉溲疏 *1 盛開的時期，齒葉溲疏是虎耳草科的落葉灌木，曾多次出現於清少納言的隨筆集《枕草子》中，在曆法上是屬於初夏的象徵性植物。季節上屬於晚春。

日	傳統習俗・五節・雜節	二十四節氣
1	（賞花季持續至上旬）	
2		
3		
4		
5		清明落在此時
6		
7		
8	灌佛會 → P36	
9		
10		
11		
12		
13	十三參拜 → P38	
14		
15		
16		
17		
18		
19		
20		穀雨落在此時
21		
22		
23		
24		
25		
26		
27		
28		
29	（昭和之日）	
30		

清明

清明為「清淨明潔」的簡稱，意味著萬物純淨地展現盎然的生命力。草木花朵盛開，是萬物變得絢麗華美的時期。

穀雨

穀雨意指孕育農作物的綿綿春雨。據說在這個時期播種，作物便能生長得很好。

5月（皐月）

皐月是「早苗月」的簡稱 *2，意思是種下稻苗的月份。立春（參照第 83 頁）後第 88 天的八十八夜不光是採茶而已，也是祈求稻作豐收的好日子。季節上屬於初夏。

日	傳統習俗・五節・雜節	二十四節氣
1		
2	八十八夜（1～2 日左右）→ P40	
3	（憲法紀念日）	
4	（綠之日）	
5	端午節 → P42	
6		立夏落在此時
7		
8		
9		
10		
11		
12		
13		
14		
15		
16		
17		
18		
19		
20		
21		小滿落在此時
22		
23		
24		
25		
26		
27		
28		
29		
30		
31		

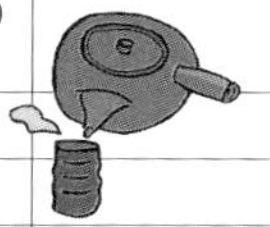

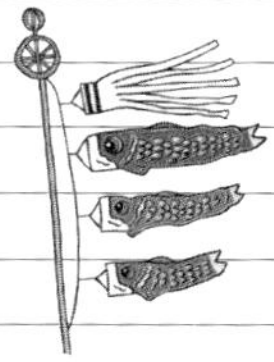

立夏

就曆法上而言，從這一天開始到立秋的前一天便是夏天，是新綠蓊鬱、每天都是爽朗晴天的時期，氣候上相當適合出遊。

小滿

小滿指的是陽氣漸盛、草木孕育之意。另外小滿也有秋季播種的麥子結實，略感滿足之意。此時是展開種稻前置作業的時期。

*1：齒葉溲疏在日文中寫作「卯の花」，於四月開花，因此四月被稱作「卯月」。
*2：皐月在日文中讀做「さつき（satsuki）」，早苗月則是讀做「さなえづき（sanaeduki）」。

Spring Tradition

3月3日

女兒節

運用淨化的力量提升女性魅力！

——屬於女孩子的優雅節日，起源竟是消災的儀式！

女兒節是祈求女孩子健康成長並獲得幸福的節日，人們會在這一天擺設雛人偶，並準備白酒、菱餅、蛤蠣湯及散壽司等吉祥的食物來慶祝。

女兒節原本被稱作「上巳節」，為五節之一，別名「桃花節」。女兒節在現代是以作為祈求女孩子茁壯健康的節慶為人所熟知，但它其實是起源於消災除晦的淨化習俗。在古代中國，農曆三月的第一個巳日被稱為「上巳」，這一天被視為兇日，人們會在河邊淨身，祈求健康平安。此外還會將晦氣與災厄轉嫁至作為自己分身的「人偶」身上，並將其放流至河中或是海裡。

這樣的習俗在傳入日本後，在平安時代開始出現將人偶放水流的風俗，成為流傳至今日的「流水雛人偶」的原型。而據說這樣的風俗在與貴族人家女童的人偶遊戲「雛遊」結合後，便成為了女兒節的起源。

不過身穿華麗服飾、豪華絢爛的多層雛人偶的登場，則是要到進入江戶時代以後才出現。順道一提，女兒節過後若是不盡早將雛人偶收起來的話，據說會拖延女兒的婚期，除此之外，還有雛人偶所代為承受的災難會回到自己身上的說法。而收納雛人偶的好日子為啟蟄這一天。啟蟄為二十四節氣之一，約莫是每年三月六日前後。無論如何，若能心懷感謝之意將雛人偶收納起來，擅於整理的女性魅力肯定能獲得提升。

小知識

菱餅的形狀象徵著女性，其顏色共分為三層，桃紅色代表可以驅魔的桃花，白色代表純淨的雪，綠色則是代表驅逐邪氣的艾草。此外，由於雛人偶最初的功能是代為承受災禍，所以姊妹之間不會共用，也不會接收母親傳承下來的雛人偶，一般習慣上會在小孩子第一次過女兒節時分別贈送她們全新的雛人偶。

雛人偶的演化過程

雛人偶的源頭是人偶，在長時間的演化下演變為今日華麗的風貌。現今的雛人偶外型在江戶後期便差不多固定下來。

放流至海裡或河中　奈良時代～平安時代

「人偶」

在將自身的晦氣與災厄轉嫁至紙製的人偶身上後，放流至河中或海裡，祈求平安健康。《源氏物語》中也可見相關記載。

「流水雛人偶」

將成對的男女人偶放入用稻草編成的圓盤狀棧俵 *1 中後，放流至河中或海裡，以祈求小孩健康平安。這項活動在現代依舊可見。

將人偶作為擺飾　江戶時代～

「立雛」

立雛主要是用紙做的，也稱為「紙雛」。是透過極為簡單的方式將人偶立體化，為雛人偶的原型。

「座雛」

外型與現代相同、採取坐姿的內裏人偶登場，同時七段擺飾也開始出現於幕末時代的江戶。另一方面，上方地區（今日的大阪）所流行的則是模仿京都御所的豪華「御殿擺飾」。

在關東地區面向台座的左邊擺放的是男性人偶，右邊則是女性人偶；關西地區則是以台座左邊擺放女性人偶，右邊擺放男性人偶為主流。

提升運氣！！

- 讓雛人偶接收災厄，為自身消災！
- 在家中裝飾桃花加強驅魔能量！
- 準備女兒節甜點與料理接收好運！

多層擺飾的層數是陰陽道中屬於吉數的奇數

雖然關於多層擺飾並沒有正式的規定，但過去都是採用屬於吉數的奇數層來擺飾。另外還會鋪上帶有驅魔意味的深紅色毛氈。

*1：棧俵是用來將裝米的草袋兩側封口的圓形草蓋。

Spring Tradition

3月18月
前後

春季彼岸

現世與彼世超接近的日子？

日本特有的習俗，以春分為中心的前後三天，總共為期七天。

「無論天氣再冷再熱，過了彼岸便告一段落」，如同這句話所示，為期一週的春季彼岸期間包括了春分在內，正好是季節交替之際。「彼岸」這個詞譯自印度梵文的「pāramit（波羅蜜多）」，為佛教用語，有著「對岸」之意。一般的說法是超脫煩惱後，便能抵達開悟境界（彼岸）；相反地，持續迷惘，苦於生死的此生（現世）則是稱為「此岸」。

在佛教中，極樂淨土所在的彼岸位於西方，而現世所在的此岸則位於東方。春分這一天晝夜長短一致，太陽會從正東方升起，並於正西方落下。由於此時東西方的距離最為接近，人們便認為能夠透過太陽更加接近淨土，也因而發展出舉行佛教儀式的習俗。

但是這個源自從印度傳入的佛教用語的彼岸習俗，其實根本不見於佛教的起源地印度，也不見於將佛教傳入日本的中國，而是日本特有的習俗。用來追思祭祀祖先的彼岸又被稱為「日願」，也是向太陽祈求可往生至極樂淨土的日子。在關西等西日本地區，人們會在彼岸期間的早晨步行至東方迎接太陽，或到寺廟參拜；並在下午步行至西方目送太陽西下，又或是會進行「迎日、送日[1]」這種前往寺廟參拜的儀式，這些風俗至今依舊可見於特定地區。人們便是藉由這樣的儀式來獲取太陽的力量。

小知識

春天的「牡丹餅」與秋天的「萩餅」在外觀和味道上雖然一模一樣，但名字之所以會不一樣，是因為春季牡丹盛開、秋季胡枝子盛開之故[2]。在製法上，「牡丹餅」的紅豆為帶粒豆餡，形狀較大也較圓；「萩餅」則為豆沙餡，比較小顆，呈細長形。紅豆的紅色被認為有驅魔的效用，也因此帶有淨化邪氣的意涵。

彼岸與春分

據說極樂淨土所在的彼岸位於西方，而此岸位於東方。根據佛教的中道思想，太陽從正東方升起、並於正西方落下的春分，是現世與彼世最容易互通的日子。

彼岸與此岸

在佛教的教義中，西方是阿彌陀佛所居住的極樂淨土，而彼岸意味著對岸，也就是超脫煩惱、達到涅槃（終極平和）的境界。另一方面，與彼岸有著一條煩惱之河（冥河）之隔的對岸則是此岸（現世）。

春分

在黃道上經過春分點的太陽會從正東方升起，並於正西方落下，晝夜長短幾乎一致。昭和23（1948）年春分被正式納入國定假日（3月20日或21日）。為二十四節氣之一。

提升運氣！！

- 藉由「日願」祈求往生至西方淨土
- 祭祀祖先，祈求全家幸福
- 吃牡丹餅消災解厄！

＊1：早中晚分別前往位於東、南、西方的寺廟進行參拜的民間習俗。
＊2：胡枝子在日文中漢字寫作「萩」。

Spring Tradition

3月下旬～4月上旬

賞櫻

透過神明所依附的櫻花提升運氣！

平安時代的貴族和江戶時代的庶民，都曾於盛開的櫻花樹下設宴，延續至現代的賞花雅趣。

每年從櫻花的開花預測到盛開為止，櫻花的開花期接連好幾天都是新聞關注的焦點。一旦宣布櫻花開花後，接著便是盛開期的預測，大家緊追著逐漸北移的櫻花前線跑——對於日本人而言，櫻花的存在就是如此特別。

日本最古老的歌集《萬葉集》中也收錄了詠嘆櫻花之美的作品，可見櫻花從奈良時代到平安時代期間，就已經擄獲人心。不過賞花的習慣一直要到江戶時代才開始在一般老百姓間普及。江戶時代第八代將軍德川吉宗在飛鳥山（現東京都北區）以及隅田川的堤防（墨田區）等地種植櫻花樹後，江戶時代的老百姓們才開始帶著便當出門賞櫻，並且設宴作樂。最具代表性的櫻花品種染井吉野，以及賞花糰子據說也是在這個時代問世。

另一方面，農民們自古以來便習慣在展開春天的農活前舉行迎神的賞櫻儀式，這是因為在他們的想法中，春季時，自山中駕臨的神明會化身為田地之神，並依附於櫻花上。櫻花的「さ（sa）」意思是田地之神，「くら（kura）」則意味著神明所坐鎮之處「御座」，也因此櫻花被認為是神明藉以依附之物[*1]。農民會藉由花朵的盛開程度來預測當年的稻作收成，並向盛開的櫻花祈求豐收。賞櫻對於農民而言，是一項攸關稻作收成的重要節慶儀式，據說這便是賞櫻習俗的由來。

進入櫻花季後請務必出門賞花，預測年度的運勢，並設法提升運氣！

小知識

據說人類的壽命之所以變短，是因為天照大御神的孫子神武天皇的曾祖父瓊瓊杵尊，在紅顏薄命的櫻花神木花咲耶姬，以及長生不死但卻相貌醜陋的其姊岩石神之間進行選擇時，選擇了美麗的木花咲耶姬之故。這則與櫻花相關的神話記載於《古事記》中。

關於櫻花語源的三種說法

有關櫻花的語源眾說紛紜，最具代表性的說法為以下三種。櫻花不僅美麗，更藏有「謎團」，以下便是櫻花的名稱由來。

1 「田神（さ，sa）」之「座（くら，kura）」之說

古時候的人認為冬季隱身於山間的田地之神，到了春天會駕臨並坐鎮於農村的櫻花樹上。農民們於是在櫻花樹下設宴，將酒澆灌於樹根上，並將用手摘折的櫻花樹枝插到庭院中或是田間的出水口處，讓寄宿於樹上的「山神」得以以「田神」的身分駕臨。這樣的儀式被稱為「さおり（saori）」。

2 「木花咲耶姫」之說

還有一說是從木花咲耶姫名字中的「咲耶（sakuya）」演化而來。木花咲耶姫出現於日本神話《古事記》與《日本書紀》中，是一位有著如櫻花般美貌的薄命女神。她是日本山神中位居統領地位的大山津見神的女兒。

3 在「開花（咲く，saku）」一詞後方加上複數型「ら（ra）」之說

「ら（ra）」這個接尾語通常是接在名詞、代名詞、形容詞的後方，所以也有人質疑怎麼可能接在「開花」這個動詞後方。此外，「さくら（sakura）」這個詞據說除了櫻花以外，原先是用於泛指所有花朵叢聚生長的植物。

提升運氣！！

- 接收神明依附的櫻花所賜予的靈力！
- 觀賞神之樹消災解厄！
- 盛開的櫻花是豐收的風向球！

關東是「長命寺」，關西則是「道明寺」

長命寺指的是將原料為麵粉的餅皮烤得薄薄地，再裹覆住紅豆餡的關東櫻餅 *2。道明寺則是用將糯米粗略搗碎後所製成的道明寺粉為原料製成餅皮後，再拿去裹餡的關西櫻餅。而無論關東或關西，用來裹覆櫻餅的都是鹽漬櫻花葉。

*1：櫻花在日文中的發音為「さくら（sakura）」。
*2：櫻餅指的是用鹽漬櫻花葉所裹覆的和菓子。

Spring Tradition

4月8日

灌佛會

用釋迦牟尼的甘茶提升健康運！

別名「花祭」的釋迦牟尼誕辰，接收釋迦牟尼所賜予的運氣！

四月八日是佛教的開宗始祖釋迦牟尼的誕辰，各大寺廟會在這一天舉行名為「灌佛會」「浴佛會」或「佛生會」的儀式。一般民眾比較熟悉的稱呼是「花祭」，對於小時候就讀佛教幼稚園的人而言，應該是不陌生的儀式。

灌佛會最初據說舉辦於西元六〇六（推古四）年，也就是佛教傳入日本約半世紀後的奈良時代，是一項歷史悠久的習俗。在灌佛會當天，廟方會在廟地內搭設裝飾有形形色色花朵的「花御堂」，放在花御堂中的水盤內會倒滿甘茶，並安置釋迦牟尼像（誕生佛）。參拜信眾會用水勺舀起甘茶，澆灌於誕生佛的頭上，藉此祝賀並祈求健康平安。

甘茶的典故是來自釋迦牟尼誕生時有九頭龍從天而降，用帶有香氣的熱水為釋迦牟尼淋浴的傳說。原本灌佛會上所澆灌的也是帶有香氣的熱水，不過在進入江戶時代後被甘茶取代。灌佛會上也會將甘茶分送給信眾享用，據說只要飲用這個甘茶便能百病不侵，將其塗抹於眼睛上視力還會變好。此外，甘茶還被認為可以提升書法能力，據說只要用摻有甘茶的墨汁來練習寫書法，就能寫出一手漂亮的好字。

灌佛會這項儀式不分派別，各家寺廟均會舉辦，位於東京淺草的淺草寺以及位於文京區的護國寺等寺廟還會舉辦「稚兒遊行」，打扮成稚兒[*1]的小朋友們會在儀式上遊行。

小知識

甘茶據說是釋迦牟尼誕生後的洗澡水，而日本有個風俗是拿甘茶來磨墨水，用這個墨水寫下咒語貼在家門口，或是倒過來貼在柱子上，便可達驅蟲功效。咒語的內容是「卯月八日乃吉日，蟲蛆接招時」。

慶祝灌佛會（花祭）的方法

各家寺廟會在釋迦牟尼誕辰的 4 月 8 日這一天舉辦名為「灌佛會」「浴佛會」「佛生會」的儀式。一般以「花祭」這樣的名稱為人所熟知。

花御堂

花御堂象徵的是釋迦牟尼母親的生產之地。在典故中，當時釋迦牟尼的母親正在藍毗尼花園休息，就在她伸出右手後，釋迦牟尼便從她的右脇誕生。釋迦牟尼在誕生後隨即站立起來，向東西南北四方步行七步，右手指天、左手指地，口中誦道「天上天下，唯我獨尊」。

甘茶

甘茶是虎耳草科的落葉灌木，為澤八繡球的變型。對甘茶的葉片進乾燥、發酵後加以搓揉，接著再次乾燥後，便可作為茶飲飲用；除此之外，甘茶也被用於甜味劑與中藥上。名字跟甘茶很像的七葉膽是百合科植物 *2，而七葉膽茶跟甘茶是不一樣的東西。

提升運氣！！

- 向釋迦牟尼祈求平安健康
- 飲用甘茶保持健康長壽！
- 運用魔咒驅蟲！

*1：稚兒指的是碰上祭典時會在臉上化上特殊妝容、並身穿古代服飾的男女童。
*2：七葉膽在日文中漢字寫作「甘茶蔓」。

Spring Tradition

4月13日

十三參拜

向智慧與福德的菩薩請安

——身處邁向成人之路的少年與少女，除厄並獲取智慧的參拜。

十三參拜這個習俗，指的是虛歲十三歲的小孩在農曆的三月十三日（國曆四月十三日）當天，前往供奉虛空藏菩薩的寺廟參拜的通過儀禮。這項儀式是藉由參拜獲得智慧與福德，所以也被稱作是「智慧行」「智慧參拜」或「智慧得」。

至於為何會將十三歲視為人生中特別的時間點則是眾說紛紜。一說是十三歲是十二生肖剛好過完一輪後人生第一個厄年[*1]，所以必須在這一年除厄。另外一說是十三歲是男孩子行元服之禮的歲數之故[*2]。還有一說是十三歲是女孩子第一次月事來潮的年紀，在古代會舉行邁向成年女性階段的「成女式」以及讓她們穿上正式和服的「本身祝」儀式的關係。另外還有一說則是主張虛空藏菩薩的緣日[*3]是在每月十三日之故。

而特別以十三參拜聞名的是位於京都嵐山的法輪寺，自古以來便以「嵯峨的虛空藏菩薩」為人所熟知。參拜時會將表示心願的一個字寫在小紙片上，並供奉於廟中，回程行經渡月橋時，據說若是可以頭也不回地過橋，便能獲得智慧。

十三參拜發祥於京都，自古以來是盛行於關西地區的一項習俗。虛歲十三歲的年紀剛好也是準備升上國中、迎接考試的實歲十二歲年紀，所以務必要讓家中小孩前往參拜賜予智慧與記憶力的虛空藏菩薩，提升運氣。

小知識

實歲指的是每過一次生日才增加一歲的年紀，虛歲則是將出生的第一年視為一歲，之後每逢過年便逐年累加的年紀。日本自明治 6（1873）年在太政官[*4]首次採用實歲，並藉由明治 35（1902）年制定的「關於年齡計算之法律」正式推行。但是民間使用虛歲的習慣並未因此消失，因此日本政府又於昭和 25（1950）年重新制定了「關於年齡計數方法之法律」。

獲取智慧的「智慧參拜」

向賜予孩童智慧與知識的虛空藏菩薩請安的「十三參拜」也被稱為「智慧行」「智慧參拜」或「智慧得」。

虛空藏菩薩

「虛空藏」的意思是囊括宇宙般浩瀚無限的智慧與慈悲之藏。而虛空藏菩薩可以從中提取並賜予智慧、知識與記憶力，實現眾人的願望。虛空藏菩薩可保佑成績進步、記憶增強、頭腦清晰、生意興隆以及藝術方面技能的提升。

莫回頭的習俗

在結束十三參拜的回程路上，有個習俗是過渡月橋時不要回頭。但若不小心回頭的話會怎麼樣？據說好不容易獲得的智慧就會回到虛空藏菩薩身上。

提升運氣！！

- 消除人生第一個厄年的厄運
- 接收來自虛空藏菩薩的福德
- 在提升智慧與記憶力方面特別靈驗！

*1：陰陽道思想中認為容易碰上災難、需要特別小心的年紀。
*2：關於元服的說明可參考 P100「成人式」一節。
*3：跟某個神佛有淵源的特定日子，一般認為選在這一天參拜會加倍受到庇佑。
*4：明治維新政府中最高階的部門。

Spring Tradition

5月1日～2日前後

八十八夜

大吉大利的幸運日！

由窄漸寬的吉祥數字，成雙出現的八十八夜，用稻米和茶葉討吉利！

八十八夜指的是自立春開始算起（立春為第一天）的第八十八天，和節分以及彼岸一樣同屬雜節之一。如同童謠〈採茶〉中的歌詞所唱道一般，「夏日腳步將近八十八夜～」八十八夜過後的第三天便是立夏。

而這段季節腳步從春天遷移至夏天的時期，其實是茶農們摘採茶葉嫩芽的繁忙期。自古以來便有「八十八夜的忘霜」這樣的說法，意思是偶有晚降的霜。而茶葉的嫩芽耐不住霜，只要受一次霜害便會枯萎，也因此必須迅速摘採完畢不可。另一方面，在八十八夜所採的茶被視為吉祥的食物，據說只要喝了在八十八夜採的茶便能延壽，至今日本各地依舊保留了將這種珍貴的茶葉供於神桌上的習俗。此外，在這個時期所收成的茶葉嫩芽也會作為「新茶」出貨至市場上。

八十八夜也跟稻農息息相關，因為將八十八這三個字組合起來便是「米」字，農家會在這一天舉辦祈求豐收的祭典跟祈禱儀式。稻農們會在這個特別的日子開始著手育苗，或是展開在育苗箱內撒稻種等農活。

而八十八夜對於漁村來說同樣有著重要的意義，在瀨戶內海地區的村落，打從這一天開始的約一個月期間，是一整年中可以捕撈到最多種類漁獲的時期，也因此當地民眾習慣稱呼八十八夜為「魚島[*1]」或是「魚島時」。

小知識

關於茶梗立起來就會有好運降臨的理由有以下幾種說法：①因為用濾茶網或茶壺泡的茶中，茶梗立起來的現象相當罕見。②茶梗象徵著支撐全家的一家之主。③計算佛像時所使用的數量詞為「柱」[*2]。④第二輪採收的茶葉通常茶梗較多，茶行為了提升銷路而創造出來的。

八十八夜之所以是吉日的理由

「八十八夜」是吉利的數字重疊之日 *3，一般認為是採茶與撒稻種的好日子。效法這樣的習俗，在這一天開始著手迎接夏季來臨的準備也不錯。

喝下八十八夜的茶延年益壽

在八十八夜所採的茶葉嫩芽被稱為「新茶」或「一番茶」，嫩芽中富含許多茶葉為了發芽而在冬季期間儲存的營養素。

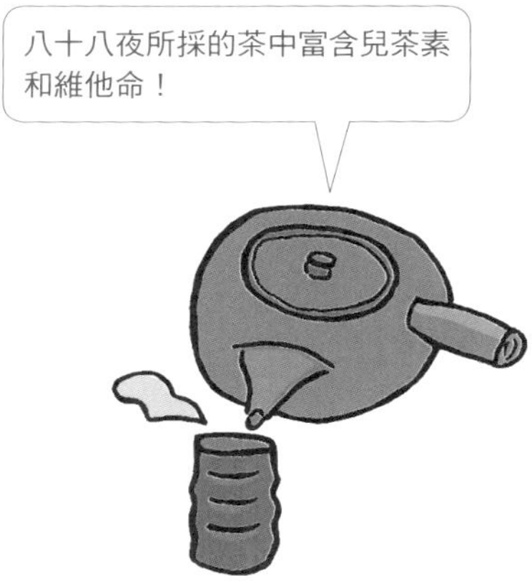

八十八夜所採的茶中富含兒茶素和維他命！

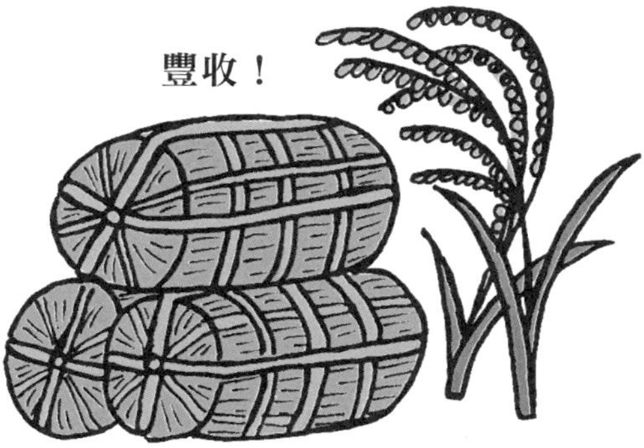

豐收！

在八十八夜育苗祈求豐收

八十八這個詞象徵著有祖先靈魂棲身的「米」。此外，由於八這個字的形體由窄漸寬，相當吉利，也因此據說在八十八夜灑下育苗用的稻種就能豐收。而之所以會在八十八夜舉辦祈求豐收的儀式也是基於相同理由。

提升運氣！！

- 數字八成雙出現的好日子！
- 喝下八十八夜的茶常保健康長壽
- 在八十八夜撒下稻種祈求豐收！

*1：春天時魚群為了產卵而接近陸地，成群結隊的魚看起來像是小島一樣的現象。
*2：茶梗在日文中漢字寫作「茶柱」。
*3：在日本「八」是吉利的數字，不過理由有別於中華文化中發音近似「發」的關係，而是因為「八」這個字的形體由窄漸寬，象徵著前景看好。

Spring Tradition

5月5日

端午節

驅逐邪氣、出人頭地！

用讓人聯想至「尚武」與「勝負」的菖蒲，驅逐晦氣與邪氣，也將男孩子的運勢提升至極限！

「端」有著「起始」之意，端午表示的是每個月的第一個午日。中國古書上記載道「仲夏端五謂五月五日也」，「五」後來被改寫成發音相同的「午」，但最初其實是名為「端五」。此外，在古代中國有慶祝月份與日期相同的吉數之日的習慣，過去在五月五日這一天會舉辦驅邪的儀式。

而祈求男孩平安長大、出人頭地的端午節，最初其實是女性的淨身之日。古時候會在插秧之前的五月端五之日這一天，讓名為「早乙女」的年輕女性們在名為「娘宿」或是「女之家」這種用艾草或菖蒲鋪成屋頂的小屋中待上一晚淨身的風俗。插秧是種稻過程中最初的階段，也是一項祈求豐收的神聖農耕儀式，因此會讓具備生育能力這種擁有催生新生命的神祕力量的年輕女性避開不潔之物，以清淨之身參與插秧。

而這樣的風俗搖身變為男孩子的節日則是始於江戶時代。江戶時代是以男性為中心的武士社會，也因此祈求負責繼承家族、傳宗接代的男孩子可以健康成長，是全家人最大的願望。

而過去用於女性淨身儀式的菖蒲因為發音同「尚武」與「勝負」，所以成為了膽識的象徵，日後並逐漸發展出擺設全套盔甲或是掛上除厄的旗子，以祈求男孩子能平安長大的習俗。

小知識

粽子與端午節同時於平安時代從中國傳入日本。在當時粽子是用可驅邪的白茅葉所包裹，被視為有消災解厄之效。柏餅則出現於江戶時代，是日本特有的風俗。槲樹因為葉子不會掉光這一點，被視為是有利子孫繁榮的吉祥植物*1，在江戶時代的武士階級間被廣為接受。即使到了現代，在端午節這一天關東人依舊會享用柏餅，關西人則是享用粽子。

全套盔甲跟五月人偶、鯉魚旗

全套盔甲跟五月人偶被視為可消災解厄，守護男孩子免於疾病或意外等災難之物，一般會擺設於家中以祈求小孩健康長大、出人頭地。有些人家也會在端午節泡可驅邪的菖蒲澡。

全套盔甲擺飾

全套盔甲擺飾多為戰國大名*2或武將所配戴的盔甲的仿製品，弓為除魔用，太刀則是護身用。

頭盔擺飾

以頭盔為主的擺飾，兩側多半放置弓與太刀，有些頭盔擺飾的收納盒還兼具了擺飾台的功能。

金太郎

金太郎也被稱為武士人偶，而武士人偶的種類繁多，包括金太郎、桃太郎以及歷史上的人物。

鯉魚旗

鯉魚旗起源於鯉魚在躍登瀑布後化身為龍這則中國的鯉躍龍門傳說。懸掛鯉魚旗蘊含了望子成龍的期盼，在江戶後期成為普遍的習俗。

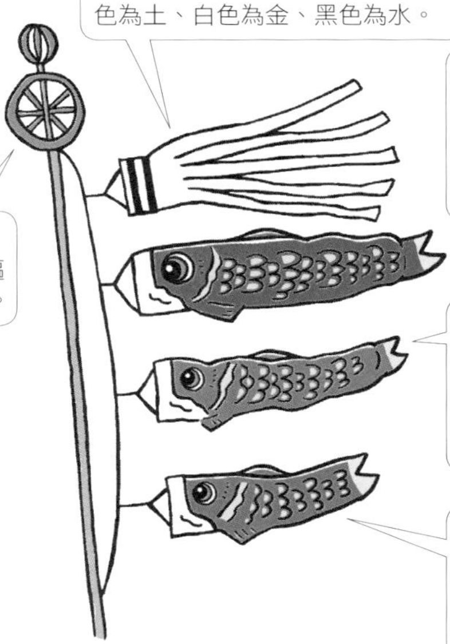

風向袋
風向袋源起於中國古代的五行説，藍色代表木、紅色為火、黃色為土、白色為金、黑色為水。

真鯉
真鯉代表的是父親。象徵五行説中的黑色，意味著支撐生命的水。

天球與矢車
會發出喀拉喀拉聲響的矢車有驅魔功效，天球則是用於召喚神明。

緋鯉
緋鯉代表的是母親。象徵五行説中的紅色，意味著智慧之火。

子鯉
子鯉的藍代表的是五行説中的木，用於祈求小孩出人頭地與健康長大。

提升運氣！！

- 擺設全套盔甲與五月人偶消災解厄
- 懸掛鯉魚旗提升出人頭地的運勢
- 泡菖蒲澡補充能量！

*1：槲樹的日文漢字寫作「柏」，用來包覆柏餅的葉片便是槲樹葉。
*2：意指支配有眾多領地與部下的武士。

Column 02

占卜每一天
分為六種吉兇的「六曜」

「今天為大安吉日，是相當好的日子……」這樣的說法經常能在婚禮或是喜慶場合的致詞中聽到，日曆上所記載的「先勝」「友引」「先負」「佛滅」「大安」「赤口」被稱為「六曜」，其功能在於讓人們得以判斷日子的好壞。六曜在室町時代自中國傳入日本，原本據說和現在的「日、月、水、火、木、金、土」這七曜一樣，是用來區分日子的 *1。而開始注意日子好壞這樣的習慣，據說是從江戶時代後期開始普及於一般百姓之間。

關於六曜的迷信不在少數，但那些迷信其實並沒有太大的意義。最理想的方式還是在充分理解六曜的情況下採取正確的行動。

六曜	意義
先勝	為「先馳得點」之意。行事不宜拖磨，上午為吉時
友引	雖然寫作「友引」，但其實最初是「共引」*2，也就是陰陽調和、平分秋色之意。這一天忌諱辦喪事。清晨與傍晚為吉時，正中午為兇時
先負	為「欲速則不達」之意。這一天最好避免與人較勁或是處理要緊的事，宜靜不宜動。上午為兇時，下午為吉時
佛滅	雖然佛滅意指「連佛祖都招架不住的大兇之日」，但最初其實是寫作「物滅」。這一天是諸事不順的兇日，一般會避開各種喜事
大安	為「極佳」之意，是諸事大吉的吉日。適合舉辦婚禮等所有喜事
赤口	這一天行事務必謹慎，使用刀子時要特別小心，不宜喜事。唯有正中午是吉時

千萬別被感覺像迷信的部分牽著鼻子走，務必要保持主見過生活！

*1：此七曜即為日本人對於星期一到星期日的稱呼法。
*2：「友引」與「共引」在日文中發音相同，均讀做「ともびき（tomobiki）」。

第二章

提升運氣的「夏季」習俗

從換季和七夕、土用丑日等
廣為人知的例行節慶，
到消除上半年厄運的夏越祓和
盂蘭盆會等夏季特有習俗，
在在都能提升運氣！

6月（水無月）

關於水無月的由來眾說紛紜，有一說指出是因為農曆 6 月梅雨季結束，天空不再降水之故；另有一說則是主張這個季節稻田中有水，水無月是從「水之月」這個名稱演變而來之故。季節上屬於仲夏。

日	傳統習俗・五節・雜節	二十四節氣
1	換季 → P48	
2		
3		
4		
5		
6		芒種落在此時
7		
8		
9		
10		
11		
12		
13		
14		
15		
16		
17		
18		
19		
20		
21		夏至落在此時
22		
23		
24		
25		
26		
27		
28		
29		
30	夏越祓 → P50	

芒種

「芒」在日文中讀做「のぎ（nogi）」，指的是稻穗末端針狀的細毛。芒種意味著會結穗的稻子或麥子的播種時期。

夏至

夏至是一年中白天最長的日子。在曆法上這一天是夏季的轉折點，過了夏至後，夏天便正式來臨。

Summer Tradition

6月～8月

夏季的習俗月曆

梅雨季結束後便正式進入夏天，小朋友們的暑假也在此時來臨。爬山、到海邊游泳、夏日祭典，這個時期有許多讓人感到開心的活動。而夏天同樣有著許多傳統習俗，在這個季節中，可以利用日本人自古以來所重視的習俗來提升運氣。

※ 雜節以及二十四節氣的日期或期間會因年而異，本書所記載的是大致的時間點。

8月（葉月）

葉月在舊曆中是秋天開始的季節，因為是樹葉開始掉落的月份而得其名。在新曆上則是盂蘭盆會的月份，各地會舉辦盂蘭盆舞的活動和煙火大會。季節上屬於初秋。

日	傳統習俗・五節・雜節	二十四節氣
1	中元贈禮 → P56	
2		
3		
4		
5		
6		
7		
8		立秋落在此時
9		
10	（山之日）	
11		
12		
13	盂蘭盆會→ P60	
14		
15		
16		
17		
18		
19		
20		
21		
22		
23		處暑落在此時
24		
25		
26		
27		
28		
29		
30		
31		

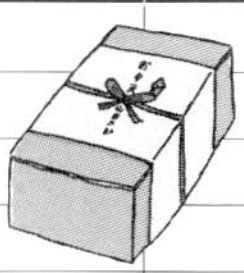

立秋

立秋是暑熱依舊難耐的時期，但就曆法上來看，從這一天開始便是秋天。過了立秋後，「暑中問候信」就會變成「殘暑問候信」。

處暑

處暑指的是暑氣消去之意，早晚開始逐漸轉涼，是可以感受到初秋腳步的時期。過了處暑後便進入秋天的颱風好發季。

7月（文月）

關於文月的稱呼，一說指出是自七夕儀式「文披月」演變而來，還有一說是主張從意味著稻穗開始結實之月的「穗含月」所演變而來 *1。季節上屬於晚夏。

日	傳統習俗・五節・雜節	二十四節氣
1	開山日 → P52 中元贈禮 → P56	
2		
3		
4		
5		
6		
7	七夕 → P54・七夕節	小暑落在此時
8		
9		
10		
11		
12		
13		
14		
15		
16	（持續至 8 月 15 日）	
17		
18		
19		
20		大暑落在此時
21		
22		
23	（海之日）	
24	（運動之日）	
25		
26		
27		
28		
29		
30		
31		

小暑

在小暑期間，一天會比一天更熱。包含小暑和大暑在內的約莫一個月期間被稱為「暑中」，是寄送暑中問候信的時期。

大暑

大暑是一年中最炎熱的時候，相當接近土用丑日，此時為了預防夏季疲勞症候群，有享用鰻魚的習慣。

*1：「文月」在日文中的發音為「ふみづき（fumiduki）」，而「文披月」與「穗含月」則分別為「ふみひらきづき（fumihirakiduki）」和「ほふみづき（hofumiduki）」，發音近似。

Smmer Tradition

6月1日

換季

起源為宮廷儀式

換季是從古早的平安時代所流傳下來、日本特有的習慣。為四季分明的國度的習俗。

日本的四季分明且季節間的溫差明顯，因此有配合季節改變穿著、加以調節的習慣。這種換季習俗的起源可上溯至平安時代名為「更衣」的宮廷儀式。當時是將農曆四月與十月的朔日（一日）制定為換季日，除了衣物以外，日用品也會配合季節進行替換。

進入江戶時代後，幕府針對武士制定了換季的規定，一年當中總共需要換季四次，就連所穿著的衣物的做工都有嚴格規定，而這樣的習俗日後也逐漸在老百姓間流傳開來。只不過當時棉花相當昂貴，在四月換季為夏天服裝時，一般會將塞在冬天所穿的棉入*1中的棉花取出來，重新縫製後再繼續穿，可說是下足了功夫。也因此，四月一日這一天的換季也被稱作是「綿貫」。

不過除了衣服的做工以外，像是冬天的枯山水和茶花、春天的櫻花等，象徵各個季節的圖案也是換季的樂趣之一，在當時，若是能搶先在當季以前將該季的圖案穿上身的話，便能視為是走在潮流的尖端。

明治維新開始採用新曆後，夏天的換季日變成了六月一日，冬天的換季日則是十月一日。即使到了現代，學校或政府公家機關等也都是在這兩天進行換季。

近年來雖然已經不會大舉同時施行「換季日」，但日本全國的神社至今依舊會在四月跟十月舉辦祭神儀式「更衣祭」，將全新的衣服進奉給神明，替神明更換神服。

小知識

日本有個姓氏寫作「四月一日」，讀法是「わたぬき（watanuki）」，而這個特殊的姓氏其實與江戶時代的換季制度有關。在幕府所制定的一年四次的換季規定下，武士們會將棉花塞入「袷」這樣的和服後，將其作為冬季所穿的「棉入」使用；進入春天後，再將棉入當中的棉花取出，重新縫製成「袷」來穿。於 4 月 1 日這一天舉行的換季被稱作「綿貫」，據說便是「四月一日」這個姓氏的由來 *2。

換季的歷史變遷

從平安時代的宮廷儀式到江戶幕府為武士所制定的規矩，換季這項制度的歷史出乎意料地久遠，也是日本特有的習慣。

平安時代的「更衣」

舊曆 4月1日～9月底	舊曆 10月1日～3月底
夏季服裝	冬季服裝

也會順便替換室內的生活用品

江戶時代的武士社會

舊曆 4月1日～5月4日	舊曆 5月5日～8月底	舊曆 9月1日～8日為止的一星期	舊曆 9月9日～3月底
換穿有襯裡的和服「袷」	換穿沒有襯裡的單衣*3「帷子」	換穿「袷」	換穿塞入棉花的和服「棉入」

換季時會更換衣服的襯裡，或是在塞入、取出棉花後重新縫製衣服，這樣的情況相當常見

明治時代的制服

新曆 6月1日～9月底	新曆 10月1日～5月底
「夏季制服」	「冬季制服」

公務員、軍人、警察的制服換季制度也被套用於學生制服上，深入一般大眾的生活

提升運氣！！

・整理舊衣物開運！
・整理收拾提升運氣！

*1：內裡塞有棉花的和服。
*2：「綿貫」的意思是取出棉花，發音為「わたぬき（watanuki）」，跟「四月一日」這個姓氏的發音一模一樣。
*3：單衣意指沒有襯裡的和服。

Summer Tradition

6月30日

夏越祓

消除半年份的災厄

——在一年過了一半的轉折點上，消除前半年所積累的晦氣、排解厄運。

在一年剛好過了一半的六月三十日時，還是酷暑難耐的盛夏，不過就農曆來看，這一天是夏秋的分界日，此時會舉辦「夏越祓」。

夏越祓是消除過去這半年來所積累的殺生等罪過、消災解厄的習俗，最為著名的便是「跨茅輪」儀式。想必有不少讀者都曾經跨越過安置於神社內，用茅草綁成的大茅輪。

跨過這個茅草輪便可消災並淨化身心，不過並非簡單跨過去即可。跨茅輪的規矩首先是先往左邊跨，接著往右邊跨，最後再往左邊跨，像是要畫一個八字一樣才可以。

在夏越祓上還會舉行另一項「人偶」儀式。這個人偶是用半紙[*1]剪出一個人形的形狀，它又被稱做是「形代」，也就是紙製的人形替身，神社會在夏越祓將近之際分發給信眾。只要在這個紙人偶上寫下自己的名字和出生年月日，用它摩擦身體後再對它吹三口氣，這個紙人偶便會化身為替身，為自身承受災難與晦氣。在夏越祓當天，將這個紙人偶交給神社，神社人員便會對其進行消災淨化的儀式，並在儀式結束後將其放流到海裡或河中，或是會在神社的焚燒儀式上火化掉。

而半年後的十二月三十一日這天會舉行「大祓」儀式，目的同樣是消災解厄，大家會在完成這項儀式後迎接新年的到來。從夏至秋、再由冬入春，如果可以隨著四季嬗遞清爽地淨化身心，那麼每個季節肯定都能獲得嶄新的好運。

小知識

在夏越祓這一天有享用和菓子「水無月」的傳統。舊曆的6月1日被稱為「冰節」，在室町時代，宮廷會差人將冰塊送至京都御所以消除暑氣。而無法取得冰塊的老百姓，則會享用撒上據說有除魔功效的紅豆的三角形外郎糕來消暑，而外郎糕之所以會是三角形，據說是模仿冰塊的形狀之故。

跨茅輪的方法

可消除半年份厄運的「夏越祓」儀式，是有一定的規矩的。此外，在 12 月底參加跟夏越祓成雙成對的「年越祓」儀式也是不可或缺的。

①往左→②往右→③再往左，像是畫八字一樣跨茅輪三輪後再進入神社。跨茅輪時，口中要一面說著「水無月進行夏越祓者延壽千年」。
（以上規矩會因神社跟地區不同而異）

提升運氣！！

・消除前半年的厄運後再往下半年前進
・放流紙人偶消災解厄！
・享用水無月消災解厄！

*1：半紙指的是長度 24 ～ 26 公分、寬度 32 ～ 35 公分的和紙。

Smmer Tradition

7月1日

開山日

感應山岳的神力

靈山在過去只對高僧與修驗者開放，好好善用開山日補充運氣！

自古以來，山岳被認為是神明的居處，是信仰的對象，因此只有僧侶或是山伏*1等修行者才能進入被認定為靈山的山間。作為聖地的山岳只有在夏季的固定期間開放一般民眾登山，而當年度允許入山的第一天便是「開山日」。

說到日本的靈山，首先會浮現於腦海的便屬富士山了。富士山的開山日為七月一日，不過根據融雪狀況不同，每年日期可能有所變動。在開山當天可見神職人員唱誦禱詞為登山客祈求平安，身穿白衣、手持金剛杖的修行者則是會在口中唱頌著「六根清淨」一面登山。

富士山信仰自古延續至今，在進入江戶時代後，在一般老百姓之間更是掀起了一股富士登山熱潮。不過就開銷面來看，爬富士山並非人人都能輕易挑戰。也因此當時出現了「富士講」這種出資拼湊登山開銷的組織，並由代表人代替其他會員進行祈求。此外，當時還可見「富士塚」這種取代富士山的人造土丘或人造山，當時的人認為只要登上富士塚，便能獲得與登上真正的富士山後同等的庇佑。

以富士山為首的眾多山脈充滿著神祕的氛圍，在綠意的環抱下呼吸清新的空氣，相信必定會有一股能量自身體深處湧現。

小知識

祭祀遭逢水難的往生者所舉辦的「水神祭」，在與夏天傍晚乘涼的習俗結合後，便演化為「開河」這種慶祝納涼期間開幕的儀式。而其中又以隅田川的開河尤為著名，開河期間的第一天會施放煙火，現場擠滿大批江戶民眾，熱鬧非凡。而據說這便是今日「隅田川煙火大會」的起源。另一方面，「開海」則是進入明治時代有了海水浴場之後才出現的日子，歷史相對來說比較新。

日本三靈山

日本自古以來便存在著根深蒂固的山岳信仰，其中有三座山被稱做是「三靈山」，別名為「日本三名山」。

白山

白山指的不是名為白山的山，而是由御前峰、大汝峰、劍峰這三個主峰周圍的山脈所構成的連峰總稱。橫跨了石川、福井、富山、岐阜這四個縣的山麓周邊區域被指定為白山國立公園，登山路線相當多元，進入夏天登山季後可見絡繹不絕的登山客。

立山

立山自古以來便被認為是神明的棲身之地，同時也是山岳信仰的對象，在中世與近世以修驗道 *2 的靈山之姿享譽一時。而從富山縣延伸至長野縣、貫穿北阿爾卑斯山脈的「立山黑部阿爾卑斯山脈路線」，更是全世界數一數二有眾多觀光客造訪的山岳觀光路線。

富士山

富士山標高 3776.12 公尺，是日本的第一高山。這座橫跨靜岡縣與山梨縣的活火山在 2013 年被登錄為世界文化遺產。富士山自古以來便是山岳信仰的對象，而這樣的信仰被稱作是「富士信仰」。不過一直到明治時代為止，富士山始終禁止女性登山。

提升運氣！！

- 藉由開山日的宗教儀式感應神力！
- 日本數一數二的能量景點！

據說「嘿咻」的語源是六根清淨

「六根清淨」是修行者為了保持感官與內心的清明，並將注意力集中於修行上的禱詞。而「嘿咻」這個詞據說就是從登山時修驗道信眾所誦念的六根清淨所演變而來的 *3。

*1：指可以住在山野中、進行修行的僧侶，或是日本特有宗教「修驗道」的修行人。
*2：由山岳信仰與佛教中的密教以及道教結合後，於平安時代末期所形成的日本特有宗教。
*3：六根清淨在日文中的發音為「ろっこんしょうじょう（rokkonshoujou）」，而嘿咻的發音則是「どっこいしょ（dokkoisho）」，在日本是搬運重物或是使力時會發出的感嘆詞。

Summer Tradition

7月7日

七夕

利用愛的傳說提升戀愛運！

織女與牛郎每年只有在七月七日這一天得以重逢的「七夕傳說」誕生於中國，傳說中織女（織姬）與牽牛（牛郎）這一對夫婦因為感情太好而荒廢工作，天帝於是將兩人拆散至天河兩岸，一年中兩人只有在七月七日這一天可以渡過鵲橋相會。七夕這一天會舉辦名為「乞巧奠」的儀式，女性們為了祈求縫紉技藝精進，會獻上供品祭拜織女星。乞巧奠是在奈良時代傳入日本，日後被納入宮廷儀式中。

在當時的日本到了七夕這一天會在庭院中擺設祭壇，用山珍海味祭拜織女與牛郎，並在觀賞星斗的同時對吟和歌，相當風雅。

而當時古人在紙片上寫下和歌或是心願的行為，據說便是七夕裝飾的起源。雖然新曆的七月七日正處於梅雨季中，但在舊曆的這一天，梅雨已經結束，也因此七夕也帶有搶先於盂蘭盆會前驅趕梅雨所帶來的晦氣、並迎接祖先靈魂的淨化儀式意味。即使到了今日，有些地區依舊會選在舊曆舉行七夕祭典。

七夕的意思是七月七日的傍晚[*1]，而關於七夕這個詞的讀音，有一說指出是因為七夕與「棚機女傳說」這個將年輕女孩所織出的神聖布匹進奉給水神的故事重疊，所以才會讀成「たなばた（tanabata）」[*2]。七夕是在江戶時代成為固定的例行節慶，而七夕習俗也是在這個時期自武士階級間普及至一般百姓中，並演變為現今的風貌。

以星空為舞台所流傳下來的織女與牛郎傳說，浪漫至極！

小知識

在夏季夜空中可以發現織女與牽牛兩人的身影，閃爍於東方夜空中的天琴座的「織女一」便是織女，天鷹座的「河鼓二」則是牛郎。這兩顆星與天鵝座的「天津四」連起來便構成「夏季大三角」。這三顆星均為一等星，特別閃亮耀眼。8月上旬的晚上8點到10點是最適於觀察的時期。

七夕裝飾的種類與意義

七夕裝飾指的是將寫下心願的紙片掛在可驅邪的竹子上，而除了紙片以外，也會掛上用色紙摺成的各種飾品。

輪飾
祈求所有人的夢想可以串聯起來並且實現

垃圾桶
祈求培養節儉和收拾整理的觀念

燈籠
祈求燈籠能照亮內心，保持開朗光明

五色紙片
將心願寫在奠基於古代中國的五行説、顏色為藍、紅、黃、白、紫色的紙片上

紙衣
祈求消災與縫紉技術精進

風幡
象徵織女所使用的織線

網飾
祈求農作豐收與漁獲豐收

紙鶴
祈求健康長壽、居家平安

菱形裝飾
象徵夜空中的銀河

三角裝飾
祈求縫紉技術精進

錢包（茶巾 *3）
祈求財運亨通

提升運氣！！

- 織女與牛郎的愛情力量
- 將心願寫到代表陰陽五行的五色紙片上！
- 利用可驅邪的竹子淨化晦氣

七夕麵線

古代中國在 7 月 7 日這一天會享用以麵粉製成、名為「索餅」的點心，這習俗傳入了日本，日後演變為在七夕這一天享用麵線，以祈求病癒。

*1：傍晚的日文漢字寫作「夕方」。
*2：「棚機女」在的日文發音為「たなばたつめ（tanabatatsume）」，跟七夕的發音「たなばた（tanabata）」近似。
*3：用來擦拭茶具或茶碗的麻布。

Smmer Tradition

7月1日～8月15日

中元贈禮

在過去是祭神的供品

「中元贈禮」是用來表達日常感謝及作為夏季問候的習俗，起源來自於中國的道教教義中所提及的「三元節」。三元節分別指的是農曆一月十五日的「上元」、七月十五日的「中元」，以及十月十五日的「下元」，古時候會在這三天獻上供品給神明，予以慶祝。而當中特別又以中元這一天帶有贖罪的意涵在，據說過去還有在院子裡生火的習慣。

這樣的習慣在傳入日本後，由於日期剛好跟盂蘭盆會重疊，使得祭祀祖先的色彩變得濃厚，不過日後卻慢慢演化為送禮給對自己照顧有加的人或親戚的日子。而這個禮物在最初其實是祭祀祖先的供品，像麵粉、白米、麵線等麵類或是餅乾、水果等是最常見的。而針對過新盆（參照第60頁）的人家，一般會贈送他們線香或是燈籠。

一般來說，贈送中元禮品的期間是從七月初開始到十五日左右。過了十五日之後，就不稱作是中元贈禮，而會稱作「暑中問候」；過了八月八日左右的立秋之後，便稱為「殘暑問候」。不過在有些地區一直到八月十五日為止都認定為是中元贈禮時期，所以最好考量對方所住地區，再決定是要以中元禮品的形式還是暑中問候的形式贈送。

近年來不少人會選擇利用百貨公司直接宅配中元禮品的服務，但若能當面親自交給對方是最好的。這麼做的話，對方一定能更加感受到感謝的心意。

中元節在過去其實是向神明獻上供品、贖罪的日子！

小知識

如果贈送禮品的對象家中剛好處於服喪期，可以贈送中元禮品嗎？答案是可以的。不過此時包裝紙上要避免使用紅白色的水引*1，而是要用高級和紙「奉書紙」或白色紙片在禮盒的正面寫上「御中元」。此外，贈送禮物的時間點也要留意，必須等到往生者離世四十九天後才可以贈送。如果在等待的期間錯過了中元贈禮的時期，那就以「暑中問候」或「殘暑問候」的名義贈送。

中元贈禮的由來

中元是中國道教中三元節的其中一天，在這一天寺廟中會舉辦法會，人們會供奉麵線、白米、麵粉等穀物，以及餅乾、水果等祭品。

三元節　上元 1月15日　中元 7月15日　下元 10月15日

向神明獻上供品以消除罪過

傳入日本後，三元節的意義從贖罪轉化為感謝與慶祝

進入明治時代後，變成送禮物給對自己照顧有加的人。

中元 ＋ 盂蘭盆會 ＝ 中元贈禮！

贈送中元禮品的期間　不同地區贈送中元禮品的期間有所不同

地區	期間
北海道	7月15日～8月15日
東北、關東	7月1～15日
北陸	7月1～15日（各地區又有所不同）
東海、關西、中國、四國	7月15日～8月15日
九州	8月1～15日
沖繩	每年均不同（舊曆的盂蘭盆會）

提升運氣！！

- 保持感恩的心可以提升運氣
- 收到禮物的人運氣也會提升！

若是不小心錯過了送禮期間……

過了7月15日之後，可以用「暑中問候」的形式贈禮。若是過了落於8月8日前後的立秋的話，則會變成「殘暑問候」。而贈禮對象的輩分頭銜比自己高的話，則會改用「暑中請安」跟「殘暑請安」。

*1：水引在日本是裝飾於婚喪喜慶用的紅白包上的細繩結，而紅白兩色在日本是相當喜氣的顏色，一般用於喜事上。

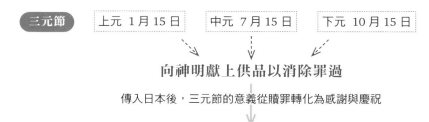

Smmer Tradition

7月20日前後

土用丑日

活力、運氣扶搖直上

名字中帶有「う」字的食物，就屬鰻魚最厲害？運氣跟活力都躍然提升！

現在提到「土用」多半會讓人聯想到是夏天的季節象徵，但其實土用指的是立春、立夏、立秋、立冬的前十八天，而立秋前的土用便是所謂的「夏季土用」。

夏季土用是夏天正熱的時期，受夏天疲勞症候群之苦的人也特別多。而為了防止夏季疲勞，古時候有個說法是「攝取名字中帶有『う（u）』字的食物可以避免中暑」，人們會享用醃梅、瓜類蔬菜、烏龍麵以及鰻魚。順道一提，有些年份的土用期間會出現兩天「丑日」，在這種情況下，第一次的丑日稱為「一丑」，而第二次的丑日則稱為「二丑」。

鰻魚的蛋白質含量高，且富含維生素，是預防夏天疲勞症候群最佳的食材。誕生於奈良時代的和歌集《萬葉集》中，也收錄了推薦在夏天食慾不振時享用鰻魚的和歌。不過野生鰻魚的盛產期在十至十二月左右，而且偏好在盛夏時期吃重口味鰻魚的客人其實也不多，因此鰻魚店也傷透了腦筋。而為這個問題找到出路的是江戶時代中期的蘭學*1學者平賀源內。據說源內將寫著「今日為土用丑日」的告示貼在鰻魚店的店門口後，獲得了相當大的回響。

除了享用鰻魚之外，泡名為「丑湯」這種在泡澡水中加入草藥的澡，或是去海邊游泳也是土用丑日的習俗。此外，據說在這一天將繡球花懸掛於屋簷下，便可提升財運。

小知識

關東與關西地區剖鰻魚的方式並不一樣，一般的說法是「關東從背剖，關西從肚剖」，也有人會說「江戶背剖」跟「京阪肚剖」。關東人會將鰻魚從背部剖開後再用竹籤串上，從魚皮面開始烤，先烤過一次後拿去蒸，接著再沾醬下去烤。關西人則是會自魚肚剖鰻魚，沾醬後進行串燒，但不會拿去蒸。

土用丑日與名字中帶有「う」字的食物

說到土用丑日第一個聯想到的便是鰻魚，而其背後的功臣便是江戶的蘭學學者平賀源九。其他名字中帶有「う」字、且有益身體的食物其實並不少。

鰻魚（うなぎ）

鰻魚除了維生素 A 與 E 之外，更富含脂肪與蛋白質，是最適合預防夏天疲勞症候群的食材。此外鰻魚也可幫助改善消化不良與預防夏季感冒。

平賀源內的點子！

平賀源內以發明靜電產生裝置為人所熟知，但他其實也是日本第一位廣告文案編寫者！

名字中帶有「う」字的食物

以下為適合在土用丑日食用、且名字中帶有「う」字的食物。
被認為有益身體的食材不光是只有鰻魚而已。

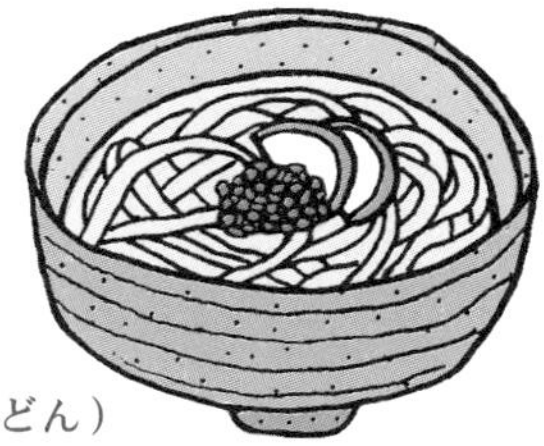

烏龍麵（うどん）

烏龍麵是麵類中最好消化的一種，可迅速為疲累的身體與大腦補充養分，是即使食慾不振時也容易下嚥的料理。

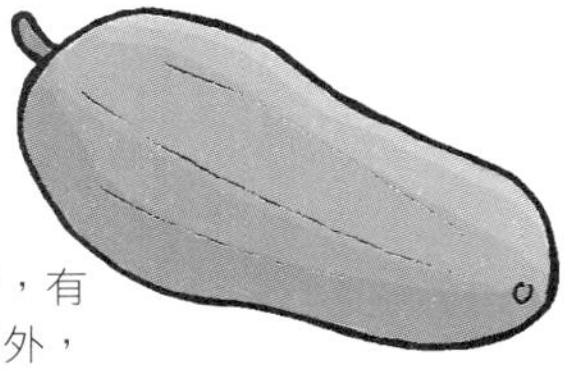

瓜類（うり）

瓜類含有豐富的鉀，有助於將水分排出體外，還具有可消除水腫的利尿作用，並能清除體內過剩的熱氣。

醃梅（うめぼし）

醃梅當中所含的有機酸可幫助身體自疲勞中恢復，也能減輕肩膀痠痛。醃梅還能抑制細菌增生，並有助於改善腸道環境，此外還能預防食物中毒。

提升運氣！！

- 享用鰻魚增強活力！
- 享用名字中帶有「う」字的食物提升運氣！
- 泡加入草藥或是泡澡粉的「丑湯」提振精神！

*1：江戶時代經荷蘭人引進日本的學術、技術、文化總稱，也就是所謂的西洋學術。

款待祖先的靈魂！

御盆（盂蘭盆會）

Smmer Tradition

8月13日～16日左右

——款待一年一度、自靈界返鄉的祖先靈魂。

御盆是一個簡稱，它的正式名稱為「盂蘭盆會」，是一項佛教儀式。御盆也被稱作「精靈會」，儀式上會將祖先的靈魂迎回家中祭祀。就像俗諺中會列舉「盂蘭盆與新年」做為比喻一樣[*1]，盂蘭盆會對於日本人來說，是相當重要的一項習俗。

盂蘭盆會在古時候舉辦於舊曆七月，但在現代一般來說是配合新曆改在八月舉行。公司行號多半也會在這段期間放假，在假期開始與結束時，也不乏道路或大眾運輸系統擠滿了返鄉車潮跟人潮的「返鄉潮」新聞報導。在盂蘭盆會期間，無論是生者或是往生者的靈魂，都會大舉移動。

關於盂蘭盆會的由來，據說是釋迦牟尼佛十大弟子之一目連為了拯救墜入餓鬼道後受到倒吊而苦不堪言的母親，於是聽從釋迦佛的指示，在七月十五日這一天祭拜母親而來。「盂蘭盆會」這個用語是源自印度梵語中表示「倒吊」（又或者是供品飯菜）意思的「Ullambana」這個詞。在傳說中可以讀到關於透過祭祀在陰間受苦的死者來拯救他們的記載，而這樣的佛教教義在跟自古以來日本人祭祀祖先靈魂的習慣結合後，盂蘭盆會於是演變為今日的風貌，並普傳開來。

在盂蘭盆會期間第一天的十三日這天[*2]，人們會在佛壇前架設盆棚，並燃燒迎魂火以迎接祖先的靈魂，最後在盂蘭盆會結束時燃燒送魂火送走祖先。

小知識

往生者在往生四十九天後第一次碰上的盂蘭盆會被稱為「新盆」，而因為新盆是已經受到超渡的往生者第一次回家的關係，所以會舉辦初盆法事、盛大供奉。碰上新盆時，盂蘭盆燈籠則會使用純白的燈籠。

款待祖先靈魂的「盆棚」

13 日的早上，民眾會在佛壇前或外廊上架起「盆棚」，盆棚也被稱作是「精靈棚」或「先祖棚」。

千屈菜的花

別名精靈花，部分地區則是將這種花稱為「禊（misogi）」*3。千屈菜的花會浸泡於水中，用以淨化佛前的供品。

施餓鬼旗

施餓鬼旗也被稱作「五如來旗」，是密教中代表「五知如來」的五色旗。

酸漿

盆棚上會裝飾用來象徵提燈的酸漿，用以迎接仰賴迎魂火跟燈籠找路回家的祖先靈魂。酸漿會結很多果實，因此也有祈求多子多孫的意味在。

小黃瓜馬與茄子牛

家家戶戶會為祖先製作被稱為「精靈馬」的交通工具。迎盆時用速度比較快的馬把祖先接來，送盆時則是搭速度較慢的牛，以表示離情依依。

糯米糰子

糯米糰子會置於蓮葉或是芋頭葉上供奉。

鋪上草蓆

鋪上用茭白葉編成的草蓆，迎接土地神。

四邊綁上竹子

把竹子當成柱子立起來。

關於盂蘭盆會的供品「五供」的規定

〔香〕意指線香，〔燈火〕意為蠟燭，可以頌讚佛壇的光明，並且頌讚捨去灰暗煩惱後所達到的開悟境界。〔花〕有些派別會使用常綠的白花八角或鮮花。〔淨水〕為供奉給佛祖的水或茶。茶葉會採用一番茶 *4。〔飲食〕會將名為「佛飯」的飯菜供於佛前。

※ 不同派別跟地區針對盆棚和五供有著不一樣的規定。

提升運氣！！

- 獲得祖先庇佑、運氣扶搖直上！
- 懷抱感恩的心提升運氣！
- 裝飾上酸漿跟千屈菜的花，祈求早生貴子！

*1：在日文中有個諺語是「彷彿盂蘭盆跟新年同時到來（盆と正月が一緒に来たよう）」，比喻好事成雙降臨，讓人忙得手忙腳亂。

*2：在日本舉辦盂蘭盆會的期間會依地區而不同，比較常見的是 8 月 13 到 15 日（有些地區會到 16 日）之間。

*3：千屈菜在日文中寫作「禊萩」，發音為「misohagi」。

*4：也稱為「新茶」，是將當年最先生長出來的新芽採摘下來所製成的茶葉。

指引祖先靈魂的路標——「迎魂火」與「送魂火」

「迎魂火」是為了不要讓祖先的靈魂迷路所焚燒的火，同時也為款待祖先揭開序幕。在盂蘭盆會的最後一天，京都等地區會在山上點燃巨大的「送魂火」，盛大地送走祖先。此外，有一說主張迎魂火跟送魂火其實是煙火大會的源頭。

迎魂火

到了 13 日的傍晚，民眾會在家中院子或門口，將用風乾後的麻類植物的莖所製成的麻稈放在名為焙烙的陶盤中，並排成井字狀燃燒。據說只要跨過燃燒中的麻稈，便能消災解厄。而住家如果位於大樓社區不方便點火的話，則可用盂蘭盆燈籠 *1 來取代。

麻稈

麻稈指的是剝掉麻類植物外皮後裡頭可見的芯。麻自古以來被視為是潔淨的植物，據說可以淨化掉不好的東西。在盂蘭盆會期間可於超市跟花店買到。

焙烙

焙烙是一種平平的素燒小盤子。要點燃迎魂火跟送魂火時，一般會將麻稈放到焙烙上焚燒。佛具店或是家用量販店均有販售。

送魂火

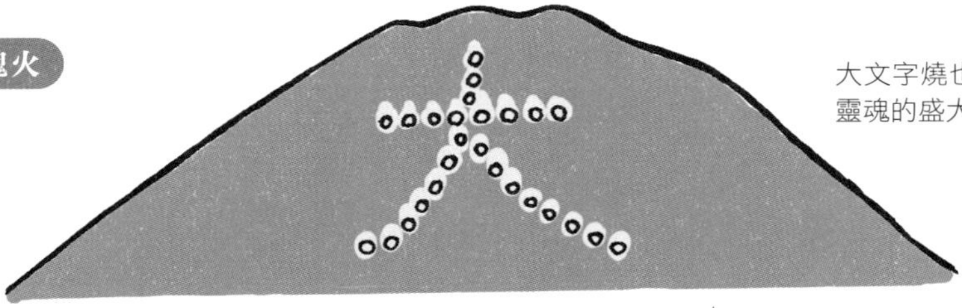

大文字燒也是送走祖先靈魂的盛大「送魂火」

在盂蘭盆會的最後一天（通常是 15 日的傍晚或是 16 日的早上），家家戶戶會在跟點燃迎魂火相同的地方焚燒送魂火。這是為了讓祖先的靈魂可以順利回到靈界，所以用送魂火的火光為祂們照亮歸路。而舉辦於 8 月 16 日晚上，俗稱「大文字燒」的「五山送火」的名聲由於實在過於響亮，因此也成為夏季京都具代表性的季節風景。

大文字燒會從東山如意岳的「大」字開始點燃，接著依序是松崎西山、東山的「妙法」兩字、西賀茂船山的「船形」、大北山的「左大字」，以及嵯峨曼荼羅山的「鳥居形」。

小知識

盂蘭盆會可分為在 7 月舉行的新盆跟 8 月舉行的舊盆。就日本全國來說，以 8 月的舊盆為主流，不過在東京及部分地區過的則是新盆。盂蘭盆會之所以會有兩個不一樣的時期，原因出於明治時代將曆法從舊曆變更為新曆的改曆政策。過新盆的地區具體來說，有東京（不包含一部分的多摩地區），以及北海道的函館和石川縣的金澤舊街區。

慰勞祖先靈魂的「盆舞」

盆舞是夏季具代表性的季節風景，但最初它其實是為了慰勞並送走在盂蘭盆會期間回家的祖先靈魂所跳的舞。盆舞的類型可分為列隊跳的隊伍形式，以及圍成一圈跳的輪舞形式。

盆舞的源頭是念佛舞

盆舞最初是將死者迎回後，在送別時為了表示款待之意所進行的離別儀式，它的源頭據說是「念佛舞」這個由平安時代的空也上人 *2 所開創，並由鎌倉時代的一遍上人 *3 推廣至全國的舞蹈。此外，跳盆舞據說也有消災解厄的功效。

另有一說指出，目連在拯救於餓鬼道受苦的母親與亡者時，地獄的大門被開啟，大批死靈為此歡欣鼓舞，而那幅光景便是盆舞的原型，也因此跳盆舞時有聚眾齊跳的習慣在。

日本三大盆舞

西馬音內的盆舞（秋田）
郡上舞（岐阜）
阿波舞（德島）

提升運氣！！

- 款待祖先提升運氣！
- 跳盆舞跟祖先一同炒熱氣氛！

送走祖先靈魂的「精靈流」

在盂蘭盆會的最後一天，會舉辦將盆棚的裝飾品跟供品放置於小船上，再放流至河中或海裡，送走祖先靈魂（精靈）的儀式。別名為「燈籠流」或「送盆」。

*1：燈籠的功能同樣是為了讓祖先的靈魂在回家路上不要迷路。
*2：日本平安時代中期僧侶，在民間致力於推廣念佛。
*3：日本鎌倉時代中期僧侶，也是淨土門時宗派的開宗祖師。

Column 03

這幾個日子也是傳統節日嗎？母親節、父親節、敬老節

母親節跟父親節還有敬老節在我們的生活中是每年不可或缺的節日，但這幾個節日是從何而來？又有著怎麼樣的習俗？

母親節的由來與習俗

1908 年美國女性安娜 ・ 賈維斯在母親忌日獻上了白色康乃馨，據說這便是母親節的起源，日後並於 1914 年成為節日。而日本則是在 1931 年將時任皇后香淳皇后的生日 3 月 6 日制定為母親節，1937 年森永製菓公司舉辦了「森永母親節大會」後，母親節的概念便滲透至日本全國。不過到了 1949 年左右，母親節改為和美國一樣在 5 月的第二個星期日慶祝，並會贈送紅色康乃馨給尚健在於人世的母親，而已逝的母親則是會贈送白色康乃馨。

父親節的由來與習俗

父親節跟母親節一樣發祥於美國，它成立的契機是美國女性索諾菈 ・ 斯馬特 ・ 杜德在 1909 年向牧師教會請願，表達「想要制定感謝父親的節日」的想法。之後，父親節的觀念透過 1916 年的總統演說滲透至美國國內，到了 1973 年，6 月的第三個星期日正式被制定為父親節。父親節的概念在 1950 年代左右傳入日本，進入 1980 年代後廣為普及。父親節當天會贈送紅玫瑰給尚健在於人世的父親，已逝的父親則是贈送白玫瑰。而近年來日本父親節委員會提倡贈送黃玫瑰的習慣也逐漸普及開來。

敬老節的由來與習俗

聖德太子為無依無靠的老年人與病人所打造的機構「悲田院」設立於 9 月 15 日這一天，據說此為敬老節的由來。「悲田」的意思是「慈悲之田」，也是意味著「孕育悲憫之心」的佛教用語。敬老節在 1966 年透過國定假日的相關法律被正式制定，而敬老節到 2002 年為止一直都是 9 月 15 日，但自從 2003 年快樂星期一制度開始實施後，便被變更至 9 月的第三個星期一 *1。

*1：將部分國定假日從原先固定的日期變更為特定的星期一，以形成三連休的制度。

第三章

提升運氣的「秋季」習俗

秋天有重陽節、賞月、惠比壽講和酉市等眾多可提升運氣的習俗！
追思祖先的秋季彼岸
以及慶祝孩童成長的通過儀禮七五三
也是重要的傳統習俗。

Autumn Tradition

9月～11月

秋季的習俗月曆

盛夏過後便是涼爽舒適的秋天，此時眾神所棲身的山巒將展現美麗楓紅，農作豐收，人們也會舉辦慶祝孩童成長的禮俗，秋天是藉由習俗向神明表達感謝的季節。就讓我們在這個美麗的季節向神明傳達感恩之情，補充運氣的存量吧。

※ 雜節以及二十四節氣的日期或期間會因年而異，本書所記載的是大致的時間點。

9月（長月）

長月這個名稱由來是「夜長月」的簡稱。不過有其他說法主張長月是從「稻刈月」或「穗長月」演變而來，另外還有一說是因為這個季節長雨不斷的緣故。季節上屬於仲秋。

日	傳統習俗・五節・雜節	二十四節氣
1		
2		
3		
4		
5		
6		
7		
8		白露落在此時
9	重陽節 → P68	
10		
11		
12		
13		
14		
15	十五夜 → P70	
16		
17		
18		
19		
20	秋季彼岸 → P72	
21	（敬老節）	
22	（秋分之日）	
23		秋分落在此時
24		
25		
26		
27		
28		
29		
30		

白露

白露的意思是夜晚的空氣變冷，結於花草上的朝露開始變白的時期。此時天空會更顯寬闊，秋意漸濃、燕子南飛。

秋分

在過了秋分後，晝夜長短會逆轉，變成日漸晝短夜長。秋分之日指的是彼岸期間的中間日，其前後 3 天的期間稱作是秋季彼岸。

10月（神無月）

舊曆 10 月由於各國神明會移動至出雲 *1、不在管轄國內，因此被稱作是「神無月」。相反地，在眾神所聚集的出雲，這個月份被稱為「神在月」。季節上屬於晚秋。

日	傳統習俗・五節・雜節	二十四節氣
1		
2		
3		
4		
5		
6		
7		
8		寒露落在此時
9		
10		
11		
12		
13		
14		
15		
16		
17		
18		
19		
20	惠比壽講 → P74	
21		
22		
23		霜降落在此時
24		
25		
26		
27		
28		
29		
30		
31		

寒露

寒露指的是早晚寒意更加明顯、冰冷的露珠結於草木的時期。秋天的長雨在此時告終，季節上也正式進入秋天。

霜降

霜降指的是早晨的露珠轉為霜的時期。此時秋意更濃，高山區的紅葉進入最佳觀賞期。

11月（霜月）

「霜月」是邁入冬天、開始降霜的月份。農活在這個月份告終，鄉里間會在祭典上向神明獻上神樂 *2，也因此這個月被稱為「神樂月」。此時雖然偶有溫暖和煦的天氣，但季節上已經屬於初冬。

日	傳統習俗・五節・雜節	二十四節氣
1		
2	酉市、一之酉 → P76 ※ 酉之日每間隔 12 天為一個循環	
3	（文化之日）	
4		
5		
6		
7		
8		立冬落在此時
9		
10		
11		
12		
13		
14		
15	七五三節 → P78	
16		
17		
18		
19		
20		
21		
22		
23	（勤勞感謝日）	小雪落在此時
24		
25		
26		
27		
28		
29		
30		

立冬

在曆法上自立冬開始到立春以前為冬天，也是寒冷北風開始吹起的時期。白天變短，紅葉的觀賞時期也告終，樹木的枯枝開始映入眼簾。

小雪

小雪指的是北風吹拂、山區開始降下初雪的時期。此時北國地區雖然已經開始降雪，但雪量還不是那麼多，因而得名小雪。

*1：現今日本的島根縣。
*2：祭神時所演奏的舞樂。

Autumn Tradition

9月9日

重陽節

雙九的大吉之日

賞菊、飲用菊花酒，用菊花露與菊花香施展魔法，在在是青春不老的藥方！

自古以來中國人便認為奇數是吉祥的陽數，其中又以最大的奇數「九」所重疊的九月九日，被作為稱為「重九」「重陽」的節日慶祝。

重陽節別名「菊花節」。在中國，人們會在重陽節這一天登高，飲用加入菊花花瓣、飄散著菊花香氣的菊花酒以祈求長壽，並達驅邪功效。舊曆的九月九日落在新曆的十月中旬，剛好是菊花盛開的季節。而在中國，有傳說指稱菊花是「綻放於仙人住處的靈藥」。

重陽節跟菊花的傳說在奈良時代傳入日本，到了平安時代初期被納入宮廷儀式。貴族們會在這一天設下賞菊的宴席，並對飲菊花酒以祈求長壽與健康平安。

進入江戶時代後，這樣的習俗也在武士階級與老百姓間流傳開來，成為五節之一，深入人們的生活。在這個時期，人們為了順便慶祝豐收，會將收成的栗子與白米一起炊煮，搭配菊花酒一起享用栗子飯，也因此部分地區會將重陽節稱為「栗子節」。

在今日，部分地區會在重陽節時期舉辦名為「御九日」的豐年祭或是菊花人偶展與菊花的鑑賞會。在觀賞菊花的同時祈求幸運，重陽節可說是相當風雅的節日。

小知識

「御九日」是舉行於九州北部的秋季祭典，在當地被稱為「御宮日」「宮日」。福岡縣的「博多御九日」、佐賀縣的「唐津九日」以及長崎縣的「長崎九日」被譽為是「日本三大九日」。「九日」的語源跟重陽節有著深厚的關係，據說是因為在過去這個祭典是舉辦於舊曆 9 月 9 日重陽節當天而得名。

「五節」之一，別名「菊花節」

重陽節這一天是陽數中最大的「9」重疊之日，被認為是最為吉祥的日子。舊曆的9月9日落在新曆的10月，剛好也是菊花盛開的時期。

五節

1月7日	人日節	別名「七草節」。這一天會品嘗七草粥，祈求一整年的豐收與健康平安。
3月3日	上巳節	別名「桃花節」，也稱為「雛祭」。是祈求女孩子健康長大的節日。
5月5日	端午節	別名「菖蒲節」。是祈求男孩子健康長大的節日，這一天也被指定為國定假日「兒童節」。
7月7日	七夕	別名「竹子節」。人們會在這一天舉辦將心願寫到紙片上、並掛在竹子上的七夕活動。
9月9日	重陽節	別名「菊花節」。在宮廷或是寺廟裡會舉辦賞菊的活動。

菊花饗宴

菊花於奈良時代自中國傳入日本，被用於天皇的家徽上，是相當高貴的植物。重陽節這一天會舉行各種與菊花有關的習俗活動。

菊花酒

菊花酒指的是將可食用的菊花花瓣灑入酒杯中的酒，極富雅趣，同時也具備驅邪功效。

提升運氣！！

- 飲用菊花酒避邪！
- 利用菊花魔法保持青春不老！
- 享用栗子飯提升元氣！

菊棉布（罩綿）

古代人會在重陽節前一天的晚上，將棉布罩在菊花上，用以吸收菊花的露水和香氣。他們相信隔天早上用這塊綿布擦拭肌膚的話，便能青春永駐、延年益壽。

Autumn Tradition

9月15日

賞月（十五夜）

最強的月亮能量！

觀賞明月，
沉浸於月光的魔力中，
獲取不可思議的力量！

觀賞滿月並感謝秋季收成的「賞月」別名為「十五夜」。在現代賞月的日子雖然是在九月，但過去卻是舉辦於舊曆的八月十五日。就現行的曆法來看，八月雖然還是盛夏，但是在舊曆中的七到九月的這三個月已經算是秋天，也因此落在中間的八月十五日被稱作為「中秋」，而這天的月亮則是「中秋名月」。

十五夜前一晚的月亮被稱作是「待宵」或「小望月」，這一天也有賞月的習俗在，這是因為古人會將十五日天氣不好、看不到月亮的可能性納入考量，所以在前一天也會賞月。

賞月習俗發祥於中國，在清朝時，賞月的重要性並不亞於元旦、端午等節日，是相當普遍的習慣。而這項習俗從奈良時代到平安時代年間被加以吸收，傳至日本後變成貴族在月下吟詠和歌的「賞月宴席」。進入江戶時代後，賞月的風俗也在一般老百姓間普及開來，並且與祈求豐收的「初穗祭」結合，發展成一項例行節慶。

賞月的供品雖有地域性的差異，但基本上圓形的糰子代表著豐收，芒草則是取代了稻穗，功能在於讓月神依附。而芒草因為會割人，所以也有除魔的意味在。

而除了十五夜，在九月的十三夜、以及十月的十日夜晚上[*1]，共計三天都能順利賞月的話，據說可以帶來好運；沐浴在浮現於夜空的白色月光下，感覺可以期待運氣提升。

小知識

舊曆 9 月 13 日的月亮被稱為「後月」，這一天也有賞月的習慣在。有別於從中國傳入的十五夜賞月，十三夜是日本特有的風俗。另外，在舊曆 10 月的亥日也有賞月的習慣，被稱作是「十日夜」。在這三個月賞月的行為稱作是「三月見」，如果這三個月都能觀賞到美麗的月亮，據說將會是相當幸運的一年。

關於賞月時的「供品」規定

在暑氣未散的 9 月觀賞浮現於夜空中的明月相當饒富雅趣，不過在祭拜月神獻上供品時可是有一定的規矩在。

賞月糰子

因為是十五夜，所以會將 15 顆糰子，或是跟月數相同的 12 顆糰子擺放在名為三方的供奉台上，此為最為正式的供奉法。

芋頭、秋季的收成物

芋頭只要有一顆植株便能不斷增生，是象徵多子多孫的吉祥食材，而十五夜的月亮也被稱為「芋名月」。

神酒

秋天的七草

俗諺中提到「賞月糰子被偷走的話將帶來豐收」，因此也發展出了故意讓小孩子偷拿供品的「賞月小偷」風俗，是日本版的萬聖節。

秋天的七草

賞月時會供奉用來取代稻穗的芒草，古人認為月神會降臨到芒草上。賞月時擺設秋天七草等其他植物當然也沒問題，但秋天的七草為觀賞用，不可食用。

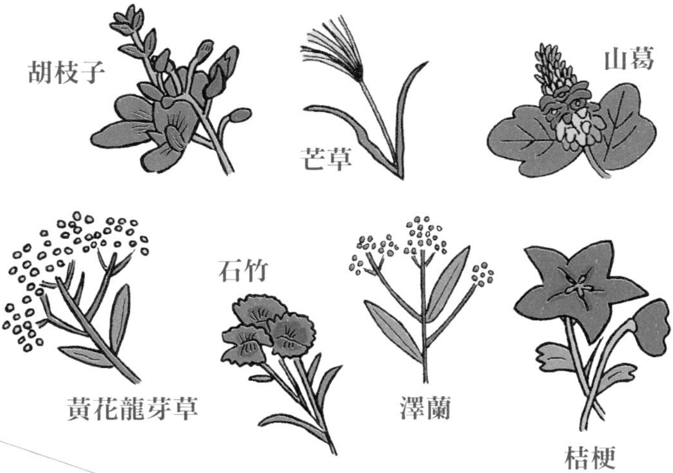

提升運氣！！

- 獲取月亮的能量！
- 完成三月見！

*1：也就是在舊曆的 9 月 13 日跟 10 月 10 日晚上賞月。

Autumn Tradition

9月20日～26日前後

秋季彼岸

二度到來的「彼岸」

以秋分為中間日，現世與彼世再度靠近的前後三天，為期共七天的期間。

秋季彼岸跟春季彼岸一樣（參照第32頁），是清掃佛壇、掃墓並祭祀祖先的時期，這段期間的第一天稱為「入彼岸」，最後一天則稱為「出彼岸」。春分後日漸晝長夜短，秋分後則是正好相反，日漸晝短夜長。太陽自正東方升起、並於正西方落下，且晝夜長短逆轉的日子正是秋分。在古代人的心目中，這一天極樂淨土所在的彼岸（彼世）與此岸（現世）會再度靠近並互通。

落在彼岸期間中間日的春分與秋分是表示季節嬗遞的「二十四節氣」之一，是從中國傳入日本的曆法。將月亮的陰晴圓缺作為基準的太陰太陽曆（舊曆）與實際的季節和曆法之間會產生誤差，而二十四節氣便是為了修正誤差的而被創造出來的。此外，由於以中國的氣候為基準的二十四節氣並無法完全涵括日本的氣候與季節，日本人因而創造出日本特有的細緻的「雜節」，以作為進行農活時的判斷標準。

雜節讓人強烈感受到日本特有的季節嬗遞，除了彼岸以外，節分（參照第102頁）、土用（參照第58頁）、八十八夜（參照第40頁）等日子，現在依舊以例行節慶的形式深入一般人的生活中。此外，物忌[*1]這樣的習俗也被傳承下來，比方說「土用當天不可挖土與播種」便為一例。

小知識

因在秋季彼岸前後綻放美麗花朵而聞名的花便是「彼岸花」。關於彼岸花的名稱由來，說穿了正是因為它的開花期落在彼岸前後。彼岸花別名曼珠沙華，在梵文中意味著「天上的花朵」。彼岸花多半被種於墓旁，據說摘回家的話便會引發火災，是不吉利的花，不過實際上是因為彼岸花具有毒性的關係。

誕生於日本的特有節日「雜節」

在從中國所傳入的太陰太陽曆（舊曆）中，雜節是能夠更加準確掌握季節腳步的日本特有節日，而雜節主要是為了判斷展開農活的時機所創造出來的。

雜節

※ 日期為新曆

雜節	國曆	內容
節分	2 月 3 日前後	原指立春、立夏、立秋、立冬的前一天，是表示季節交替之際的日子。在現代，節分是指立春的前一天，有撒豆的習俗。
彼岸	—	以春分與秋分作為中間日、包含其前後 3 天的一星期，是祭祀祖先的期間。
社日	—	最靠近春分與秋分的戌日，為祭祀田地之神的日子。
八十八夜	5 月 2 日前後	自春分算起的第 88 天，是判斷撒稻種的基準日。
入梅	6 月 11 日前後	立春後第 127 天，是判斷進入梅雨季的基準日。
半夏生	7 月 2 日前後	夏至後第 11 天，是判斷結束插秧的基準日。
土用	—	立春、立夏、立秋、立冬的前 18 天，一般泛指夏季土用。
二百十日	9 月 1 日前後	立春後第 210 天，被認為是颱風侵襲的兇日。
二百二十日	9 月 11 日前後	立春後第 220 天，被認為是颱風侵襲的兇日。

提升運氣！！

- 祭祀祖先獲得運氣！
- 吃荻餅驅邪！

將一年劃分為 72 等份的「七十二候」

古代中國人除了二十四節氣以外，又更進一步具體細分出了「七十二候」。七十二候的名稱是透過將動植物與氣候的變化以短文來呈現，像是「黃鶯睍睆」與「櫻始開」等。

*1：意指在特定期間應避免某些特定的行為，以免倒楣。

Autumn Tradition

10月20日前後

惠比壽講

「落單的人」福氣才多？

——盛大慰勞負責駐守的惠比壽神，祈求生意興隆、漁獲豐收！

惠比壽講主要是商家們為了向惠比壽神祈求生意興隆所舉辦的習俗。舉辦日期有地域性的差異，關東地區多為十月二十日與一月二十日，因此也被稱作是「二十日戎」。

惠比壽神是七福神之一，祂的右手手持釣竿，左側腋下則是夾著一隻大鯛魚。因為這個姿勢而有了「用蝦子（惠比）釣鯛魚[*1]」這句諧音的說法，被認為有助生意興隆[*2]；另外，惠比壽神在農村跟漁村也分別被視為五穀豐收跟漁獲豐收之神，受到廣泛信仰。惠比壽神的名字相當多元，也被寫作「惠比須」「戎」「夷」「蛭」，而在關西地區最為普遍的寫法是「蛭」[*3]。

惠比壽神除了能庇佑一般百姓生活富足外，還肩負著另一項任務——「駐守」。舊曆的十月被稱作神無月，是日本全國的神明在出雲齊聚一堂的月份。而當中唯一一個被留下來的神明就是惠比壽神。也就是說，當其他神明不在時，惠比壽神便負責駐守。而這樣的神明被稱作是「留守神」，有一說指出，惠比壽講最初是為了慰勞孤伶伶的惠比壽神才誕生的。

為民眾帶來眾多庇佑的惠比壽神可說是與我們最為親近的神明，只要虔心參拜，惠比壽神必定會實現我們的願望。每當看著惠比壽神充滿福氣的笑臉參拜時，便覺得可以心存這樣的期待。

小知識

關東和關西的惠比壽講不僅舉辦的日子不同，稱呼也不相同。關東地區多舉辦於 10 月 20 日，因此稱呼為「二十日戎」；而關西地區則多舉辦於 1 月 10 日，因此稱呼為「十日戎」。但兩者目的都是為了祈求生意興隆，在關東地區會邀請親戚或是朋友，關西地區則是會邀請同為生意人的朋友設宴慶祝。

在神無月盡忠駐守的「留守神」

在日本全國的神明前往出雲大社的神無月（這個月只有在出雲被稱作「神在月」），留下來負責駐守的便是惠比壽神。惠比壽神是庇佑人們生活富足的神明，一般在祭拜時會選用在地生產的當季食物作為供品。

惠比壽神對於商家來說是庇佑生意興隆的神明，在農村則是五穀豐收之神，在漁村則是漁獲豐收之神。而惠比壽神之所以會有那麼多不同的名字，正是祂廣受民眾愛戴的證明。關西地區的民眾會用「惠別大人」這種親暱的叫法稱呼惠比壽神。

提升運氣！！

- 慰勞惠比壽神獲得庇佑！
- 跟惠比壽神一同熱鬧度過，提升工作運與財運！

出雲的「神在月」

由於全國的神明在舊曆 10 月會齊聚於出雲大社，因此被稱作是「神在月」。聚集於出雲大社的神明會在於 10 月 11 日起為期 7 天的期間召開「神議」，商議各種決策。

＊1：惠比壽的日文為「えびす」，而「惠比」兩字所對應的假名「えび」，在日文中跟蝦子的發音相同。
＊2：在日本，鯛魚是不便宜的魚，通常要在喜慶場合才吃得到。
＊3：文中引號內所提到的名字在日文的假名中均寫作「えびす」，發音也相同。

Autumn Tradition

11月的酉日

酉市

將福氣耙進門的熊手

作為農具使用的熊手竟然是吉祥物品？可保生意興隆、居家平安，聰明地精打細算買下運氣！

地支不僅可以用在年份上，也可套用於月、日或時辰，而每年到了十一月的酉日，各地的鷲（大鳥）神社等場所會舉行祈求生意興隆的祭典。此時所開市的市集被稱為「酉市」，第一個酉日所舉辦的酉市被稱為「一酉」，下一個酉日則是「二酉」，再下一個酉日則是「三酉」。而酉市的起源是江戶時代花又村（今日足立區）的農民為了慶祝秋季的豐收，將雞供奉給大鷲大明神而來的[*1]。

說到酉市，最有名的便屬插滿各種裝飾的熊手。熊手最初是作為農具販售，但其形狀與用途使得它演化成「招來福氣」的吉祥物品[*2]。大尺寸的熊手高度可長達一公尺，而據說年年把熊手換成更大的尺寸，便可招來更多福氣。在買熊手時要盡量撿便宜買，成交的當下會拍手賀成，也因此市集中到處可以聽見此起彼落又氣勢非凡的拍手聲跟吆喝聲。

此外，神社還會在酉市這一天特別販售名為「搔込（掃込）」的特別御守，御守造型是裝飾有稻穗與神符的小型熊手，有著將福氣與客人「耙進門」的意涵，也可作為髮簪插在女性的頭髮上。

此外，市集上還會販售以某品種芋頭製作的「八頭」及「黃金餅」，據說只要吃下八頭，就能「高人一等」「早生貴子」。如同前面所介紹一般，滿載各式各樣吉祥物品的酉市，正是最適合提升運氣的市集。

小知識

有句話說「三酉之年火災頻繁」，這個說法的由來不詳，但感覺最煞有其事的根據便是「明曆大火」。發生於明曆3（1657）年1月18日的這場大火，在江戶的市區中整整延燒了兩天，造成多人喪命。而那一年剛好是有三酉的年。

酉市的緣起熊手

酉市的熊手上頭插著名為「指物」的吉祥飾品，它能庇佑生意興隆，並且帶來「開運招福」這句話中的「福」，是為人所熟知的吉祥物品，一般稱為「緣起熊手」或「裝飾熊手」。

惠比壽
保佑生意興隆的神明。

鶴
俗話說「千年鶴、萬年龜」，鶴是長壽繁榮的象徵。

大黑天
大黑天和惠比壽神一樣，是保佑生意興隆的神明。

大入袋 *3

金米袋

阿龜
阿龜也被稱作「多福」，祂的源頭是掌管表演藝術的女神天鈿女命。

鯛魚
鯛魚是發音跟「喜氣洋洋」近似的吉祥食材 *4。

烏龜
不老長壽的象徵。

福竹
竹子的強大殺菌能力被視為可消災解厄並招來福氣。

提升運氣！！

- 每年要換一個更大的熊手！
- 將熊手安置在家中的高處！

安置熊手時的規定

安置熊手時必須將它放在家中最裡頭且面向玄關的最高處，因為據說熊手會將外頭的福氣跟財富耙進家中的關係。

*1：雞對應到十二地支中即為「酉」。
*2：日文中的熊手即為「耙子」。
*3：在大眾娛樂表演產業中，碰上高朋滿座時會發送獎金給相關工作人員，以表慰勞跟祝賀，而裝獎金的袋子便稱作「大入袋」。
*4：鯛魚在日文中的發音是「たい（tai）」，喜氣洋洋則是「めでたい（medetai）」。

Autumn Tradition

11月15日

七五三

用吉數慶祝孩童的成長

從「神之子」到「人之子」，向神明報告小孩的平安茁壯！

女孩子在三歲與七歲，以及男孩子在五歲時，會前往地方土地神所在的神社參拜，感謝神明保佑自己平安成長到目前的年歲，並祈求日後也能健康成長，這個習俗便是「七五三」。在現代雖然無論哪個年紀都是在同一天慶祝，但在古代卻是分為三歲的蓄髮、五歲的穿袴、七歲的解帶，各自為獨立的儀式。而七、五、三的年齡區分，是來自於陰陽道中將奇數視為吉祥數字的思想。

七五三的儀式之所以會普傳開來，契機據說是來自室町時代的「七子祝」習俗。在當時由於醫學並不發達，小孩因為流行病而喪命相當稀鬆平常。也因此小孩子在七歲以前被視為是神明送的禮物，他們不管做了什麼都不會遭天譴，但相對來說葬禮也被認為是不必要的。而小孩如果能活過七歲，便能躋身家族成員之一，並且能向土地神參拜，此時才會正式被認定為是社會的一員。

七五三原本只舉辦於宮廷與貴族之間，到了江戶後期以後才開始在民間流傳開來，並制定於十一月十五日舉行。在農曆中這一天鬼怪不會外出，被稱作是「二十八宿之鬼宿日」，是結婚以外諸事大吉的好日子。幕府第五代將軍德川綱吉曾選在這一天為滿三歲的長子德松祈求健康，據說也是由來之一。

而七五三在日本全國普及，是要到明治時代以後；成為生活中不可或缺的習俗，則是要等到第二次世界大戰之後。

小知識

被拉得長長的千歲飴帶有「長壽」意涵，是相當吉利的紅白雙色糖。外包裝會畫上吉祥的鶴與龜以及松竹梅，意味著千年的名稱也相當喜氣，看小孩子盛裝打扮、手持千歲飴的袋子，真的是一幅讓人暖上心頭的光景。千歲飴在江戶時代便相當普及，而它有個規定是直徑必須在 15 公釐以下、長度則必須控制在 1 公尺以內。

七五三的由來

3 歲時慶祝男女孩雙方的成長，5 歲慶祝男孩、7 歲則是慶祝女孩的成長。而這樣的習俗據說起源於平安時代，最初是按照年齡各自舉辦的儀式，後來被統整在一起。

3 歲　「蓄髮儀式」

在平安時代，男女嬰在出生後的第 7 天胎毛會被剃掉，一直到 3 歲以前都是光頭，要到 3 歲以後才可以開始留頭髮，並且會舉行蓄髮的儀式。

5 歲　「穿袴儀式」

在平安時代，男女孩到了 5 至 7 歲這一段期間都會舉辦第一次穿上袴的「穿袴」儀式，但進入江戶時代以後，穿袴變成專為男孩子舉辦的習俗。

7 歲　「解帶儀式」

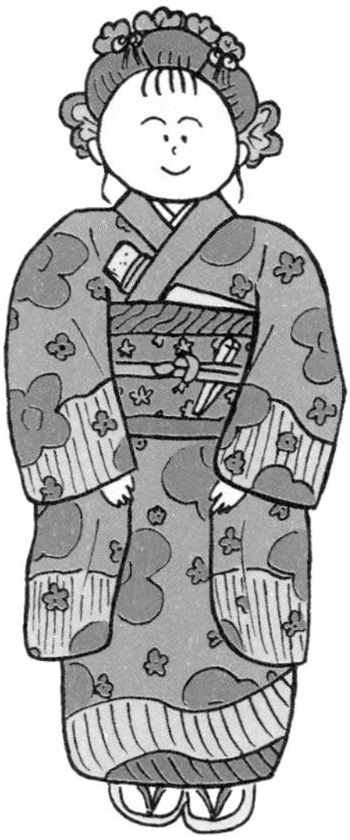

解帶儀式為的是要慶祝女嬰孩順利成長為兒童，此時女孩所穿的衣服會從附有綁帶的衣服改為必須繫腰帶的衣服。這樣的風俗在進入室町時代後演變為「解帶儀式」。

提升運氣！！

- 吃下千歲飴長命百歲！
- 慶祝人生中的重大階段，提升運氣！

Column 04

蓋房子前的儀式
「地鎮祭」與「上棟式」

日本存在著各式各樣的神明，一般在蓋房子前會向土地神舉行祈求工程順利以及保佑建築物安全的儀式。

地鎮祭

在古代人的想法中，土地是屬於神明的東西，人類只是向神明借用土地來耕種或蓋房子。而在蓋新房子前，為了取得神明的核准、驅逐土地中的邪氣，同時安撫棲身於土地中的「土地神」的情緒所舉行的儀式便為「地鎮祭」。舉辦地鎮祭時會在土地的四個邊角上插上青竹，並用注連繩 *1 圍起來做為祭祀場所，並且會在其中擺設神酒、魚、米等供品。在神主唸完禱詞與完成淨化儀式後，施工者會將鋤頭鏟入土中。在平安時代，這項儀式是由陰陽師 *2 負責執行的，但進入明治時代後，則是變成由神主來負責。

上棟式

上棟式是為了祈求房子在完工後常保安全而舉行的儀式，儀式上會向土地神報告建築工程進展順利、即將落成，同時也表達謝意。在建築物的梁柱等骨架完成後，會在上大梁時舉辦上棟式，這也是這個儀式得名的由來 *3。有些地方也將上棟式稱為「建前」或是「棟上」，並且會分送紅豆飯，或是撒麻糬、餅乾或御捻 *4。而會這麼做是因為一般認為屋主若是向身邊的人進行布施的話，便能招來興隆的家運。而上棟式照理來說會請神主或住持來主持，不過近年來由於儀式受到簡化，以工頭為首來舉辦儀式的情況最為常見。

*1：注連繩所圍起來的區域表示是有別於其他地方的神聖空間。
*2：古代日本的一項官職，陰陽師精通陰陽道，除了熟知天文曆法外，也懂得占卜吉凶。
*3：在日文中，大梁的漢字寫作「棟木」。
*4：御捻指的是將錢或白米用白紙包住並旋扭起來之物，為祭祀神佛用的供品，在古時候也被作為禮金使用。

第四章

提升運氣的「冬季」習俗

從為一整年畫下句點的年末習俗，
到新年的準備，以及邁入新年後的年頭習俗，
冬天充滿著各種重要的習俗。而這些習俗中，
全部可見掌管運氣的神明身影。

Winter Tradition

12月～2月

冬季的習俗月曆

冬天是進行年末大掃除及為新年進行籌備的重要季節，之後新年接踵而來，人們會迎接為新的一年帶來整年份好運的年神，這個季節中充滿了各種自古延續下來的傳統習俗。此時切莫鬆懈身心，努力讓新年成為充滿好運的一年吧。

※ 雜節以及二十四節氣的日期或期間會因年而異，本書所記載的是大致的時間點。

12月（師走）

師走的意涵恰如其名，意思是年關將近之際，就連「為人師表都會忙得四處奔走」。在這個月份中，關東地區會進行迎接新年的正月「事始」，關西地區則是準備結束農活的「事納」，形成對比 *1。在季節上屬於仲冬。

日	傳統習俗・五節・雜節	二十四節氣
1		
2		
3		
4		
5		
6		
7		大雪落在此時
8		
9		
10		
11		
12		
13	拂煤（大掃除）→ P84	
14		
15		
16		
17		
18		
19		
20		
21		
22	冬至 → P86	冬至落在此時
23		
24		
25		
26		
27		
28	新年裝飾 → P88	
29		
30		
31	大晦日（除夕）→ P90	

大雪

大雪時期山上積雪已深，在北國地區則是平地開始降雪的時期。冬天於此時正式來臨，是動物們進入冬眠、鮭魚溯溪而上的時期。

冬至

冬至是一年中夜晚最長、白天最短的一天。冬至被稱為「一陽來復」之日，也被視為是壞事接連發生後轉為好運的日子。

2月（如月）

2月是過了立春卻依舊寒意逼人的時期。而關於如月這個名稱的由來，一說指出是源自表示指穿上層層衣物的「衣更著」；另外一說則主張是源自表示在這個時期開始感受到春意的「氣更來」*2。季節上屬於初春。

日	傳統習俗・五節・雜節	二十四節氣
1		
2		
3	節分 → P102	
4		立春落在此時
5		
6		
7		
8		
9		
10		
11	（建國紀念日）	
12		
13		
14		
15		
16		
17		
18		
19		雨水落在此時
20		
21		
22		
23	（天皇誕辰）	
24		
25		
26		
27		
28		

立春

立春是二十四節氣中第一個節氣。在曆法上，從立春開始便進入了春天。而過了立春後，第一道從南方吹來的強風被稱為「春一番」。

雨水

雨水意味著降雪轉為降雨、積雪與結冰融化的時期。草木開始發芽，是農家展開農活的指標日。

*1：「事始」與「事納」均指為了迎接新年所做的各式準備，而不同地區對於「事」的定義也不同。當「事」指「迎接年神」時，便使用「事始」這樣的稱呼；而當「事」意味著「農活」時，便會用「事納」來指稱新年到來前所進行的各種籌備工作。

*2：如月的日文「きさらぎ（kisaragi）」，與「衣更著」以及「氣更來」的讀法相同。

1月（睦月）

睦月意指家人與親戚和睦慶祝新年的月份，其名稱即由此而來，是非常適合新年第一個月的別名。二十四節氣中的大寒與小寒落在這個月份。季節上屬於晚冬。

日	傳統習俗・五節・雜節	二十四節氣
1	新年 → P92 御節料理（年菜）→ P94 新年參拜 → P96（元旦）	
2		
3		
4		
5		
6		小寒落在此時
7	七草粥 → P98	
8		
9		
10		
11		
12		
13	成人式→ P100（成人日） ※舉辦於第二個星期一，每年的日期不同	
14		
15		
16		
17		
18		
19		
20		大寒落在此時
21		
22		
23		
24		
25		
26		
27		
28		
29		
30		
31		

小寒

小寒是益發寒冷的入「寒」時期。小寒與大寒這約莫一個月的期間被稱為「寒中」「寒內」，是寄送「寒中問候信」的時期。

大寒

大寒是二十四節氣中最後一個節氣。此時低溫嚴寒，是一年中最冷的時期。從小寒到立春為止的30天期間被稱作是「寒內」，而大寒便落在寒內期間的正中間。

Winter Tradition

12月13日

來吧～年神！

拂煤（大掃除）

清掃家中灰塵，切勿疏忽迎接帶來好運的年神所需的準備！

拂煤這項習俗源於為了迎接新年而進行的「正月事始」，它的內容簡單來說就是大掃除，不過拂煤的目的可不單純只是要將家中內外打掃乾淨而已。拂煤最初是為了在新年祭祀神明所做的準備，是一項清掃神桌或佛壇的宗教信仰儀式。

而正月事始之所以會定在十二月十三日舉行，是因為這一天為「鬼宿日」，是除了結婚以外的諸事大吉之日。進入江戶時代後，幕府將這一天定為「江戶城御煤完結日」，其後也逐漸在一般老百姓之間流傳開來。

古時候的人在大掃除時會使用特殊的工具，他們會在剛砍下來的竹子或竹竿的其中一頭綁上葉子或稻草，這樣的工具被稱為「煤梵天」。而在今日依舊有部分神社或寺廟還是使用煤梵天來進行掃除。在掃除結束後，煤梵天不會馬上被丟掉，部分地區會在被稱為左義長（參照第88頁）或「歲德燒」的焚火儀式上燒掉。此外，有些地區至今依然保留了在掃除過後舉行享用糰子或麻糬的「拂煤祝」習慣。

只不過或許有些人會覺得十三日就開始掃除在時間上過早。如果有這樣的想法，那麼可以先清掃神桌跟佛壇，過幾天再進行大掃除也可以。年關將近之際，匆匆忙忙進行大掃除的人家應該不在少數，但如果能將大掃除視為年末召喚來好運的「儀式」進行，應該也滿好的。

小知識

舊曆的12月13日是「鬼宿日」，這天是除了結婚以外的諸事大吉之日，也因此被定為是迎接年神的新年籌備之日。此外，這一天也是「迎松」的日子，迎松指的是讓新的一年為本命年的男性前往位於吉利方位的山中，劈砍拿來作為門松的木材或煮雜煮時會用到的柴薪。此外，人們也會在這一天搗麻糬或是製作新年的飾品。

從「拂煤」到「大掃除」

拂煤是清掃家裡以及安置於家中的神桌與佛壇的新年準備工作，同時更是被稱作「拂煤節」的一項神聖淨化儀式，是為了迎接年神以及祖先靈魂的重要準備。

煤梵天、煤男

拂煤的工具被稱為「煤梵天」，據說它帶有淨化的魔力。使用於拂煤的煤竹也是相當神聖的物品，一般會留到小正月的火祭上燒掉。在東北地區的部分地方將煤梵天稱為「煤男」，還會將它用注連繩圍起來立於院子中。

拂煤的變遷史

拂煤在平安時代為宮廷儀式，幕府在制定了「江戶城御煤完結之日」後，也在一般老百姓間流傳開來，而這項習俗到了現代則是演變為「大掃除」，與跟我們的生活息息相關。

平安時代
宮廷儀式
消災解厄

→

室町時代
以神社寺廟為中心
清掃佛像與正殿
的習俗

→

江戶時代
幕府制定了
「江戶城御煤完結日」，
藩主宅邸跟武士宅邸
都會進行大掃除

↓

傳入江戶市區的老百姓間

提升運氣！！

- 清掃家中為新年做準備！
- 年神會降臨乾淨的人家！

用舊的工具會化身為妖怪？

室町時代的繪卷作品《付喪神繪卷》中描繪了鬼魂寄宿於製造後過了 100 年的工具中，化身為擾亂人心的付喪神，也因此一般會在拂煤時將舊的工具給丟掉。

Winter Tradition

12月22日前後

冬至

太陽的重生之日！

悠閒地泡個柚子澡，享用冬至的南瓜，運氣也將在漫漫長夜緩緩復甦。

冬至是一年當中夜晚最長、白天最短的日子，而過了這一天，日照時間會逐日變長。也因此，冬至也被視為「太陽復活之日」，在過去，世界各地會在這一天舉辦各式各樣的慶祝活動。

古代中國將太陽運行的起始點視為推算曆法的起點，歷代皇帝會舉辦「冬至節」儀式來祭天，日本則是在奈良時代開始將冬至節納入宮廷儀式中。而被視為是耶穌基督生日的耶誕節，據說也是源起於在古代傳入歐洲的冬至慶典。

冬至的習俗之一便是泡「柚子澡」。江戶時代時，在冬至這一天泡柚子澡就不會感冒的傳說流傳開來，成為在季節交替之際淨身、提高警覺的習俗，廣為普及。實際上柚子具有促進血液循環的作用，可改善怕冷的體質或神經痛。此外，同為季節交替之際的端午節所泡的「菖蒲澡」，也是基於相同理由而廣為普及。

另外，據說在冬至這一天享用名字中有「ん（m）」的食材就能招來福氣，而最具代表性的就是「南瓜」。除了南瓜以外，蓮藕、銀杏、金桔、寒天、紅蘿蔔、烏龍麵被統稱為冬至的七種食材*1。此外，這一天也有吃紅豆粥或紅豆糰子的習俗，因為據說紅豆的紅色有驅邪之效。

小知識

冬至也是「一陽來復」之日。冬至是一整年中夜晚最長、白天最短的一天，換言之，是太陽能量弱化後又逐漸恢復的日子，因此過了這一天後，運氣將獲得提升，許多事物也能向上發展。冬至帶有著冬天結束後邁向春天，今後將有好運來臨的正面意義。

有關冬至的種種習俗

自古以來流傳下許多在冬至當天執行便能帶來好處的習俗，而這些全都是幫助人們挺過寒冬、對身體有益的習慣。

柚子澡

據說在冬至這一天泡柚子澡就不會感冒，並且還能治療皮膚乾裂，所以冬至這一天就盡情享受飄散柚子清新香氣的熱水澡吧。柚子有促進血液循環的功效，泡完後全身會暖烘烘的。

可對半切也可切片
皮膚敏感的人
可以榨汁後
加入泡澡水中

冬至的食物

據說在冬至這一天享用名字中有「ん」的食物就能提升運氣，而這樣的習俗被稱作「盛運」，可以招來好運。

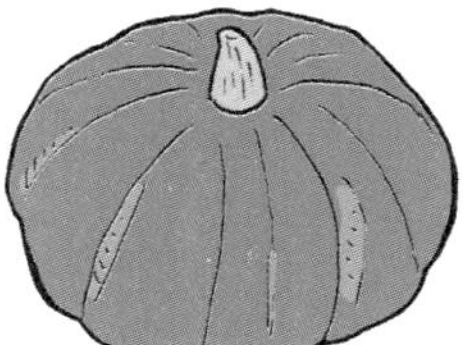

南瓜

南瓜富含可提升免疫力的胡蘿蔔素與維他命，越為成熟的南瓜就越甜，營養價值也越高！

蓮藕

蓮藕名字中有兩個「ん」，是相當吉利的食物 *2。蓮藕富含維他命C，具有消除疲勞、預防感冒、抗癌以及抗老化的功效。

紅豆粥

紅豆的紅色可驅邪，也是相當吉利的冬至食材。紅豆富含優質的蛋白質、纖維素與多酚。

提升運氣！！

- 獲取復甦的太陽能量！
- 趁著一陽來復提升運勢與財運！

*1：南瓜在日文中一般讀做「かぼちゃ」，但也讀做「なんきん」。冬季的七種食材在日文中名字均含有「ん」。
*2：蓮藕的日文寫作「れんこん」。

Winter Tradition

12月28日前

迎接年神

新年裝飾

布置各自蘊含著重要意義且充滿喜氣的新年飾品，以迎接年神的傳統習俗。

耶誕節過後，緊接著就是迎來新年的忙碌準備，家家戶戶的大門口與店家的店門前、鬧區大樓的入口處便開始可以見到準備迎接正月的新年裝飾。但這些新年裝飾是出於什麼理由被擺飾出來呢？你是否認定了反正就是傳統習慣，或是因為這些裝飾很喜氣；還是說因為它們能帶來新年的節慶感，所以也順其自然習慣性地將這些裝飾布置起來。

不過其實門松、注連飾和鏡餅這些新年裝飾，各自蘊含著重要的意義。新年最初是為了迎接帶來新年好運的年神，並予以祭祀的一項節慶。年神是讓穀物結實的穀物神，也被稱作為「正月大人」「歲德神」，在某些地區聽說則是會用「歲德大人」「惠方大人」「年爺」「歲爺」這樣帶有親切感的名字來稱呼。此外，古代人也將年神視為祖先的靈魂。

為家家戶戶帶來好運、備受歡迎的年神在降臨至各戶人家時，門松可以發揮方便辨識的功能；而為了表示大門口是用於迎接年神的神聖場所，所以會掛上注連飾；鏡餅則是作為獻給年神的供品而被擺放出來。

一般習慣上會在十二月二十八日前將這些新年裝飾布置好，理由是因為二十九日讀音同「二重苦」，而拖到三十一日才布置好會變成「一夜裝飾」，有失禮節。因此會選在有八這種帶有開展意義的吉祥數字的日期。

小知識

1 月 15 日被稱為小正月，這一天會舉辦「左義長」儀式，焚燒門松、注連飾跟新春書法作品 *1。一般會在 14 日的晚上或是 15 日早上，於神社社地內或是田埂間進行焚燒。據說年神會乘著焚燒所產生的煙返回山中，而人們也相信只要吃下用這個火所烤的麻糬，之後的一年就不會生病。這個儀式別名為「歲德燒」。

新年裝飾的習俗

新年裝飾是為了迎接帶來新年好運的年神所布置的，以下就讓我們來認識每個飾品所蘊含的意義，讓運氣提升！

門松

門松別名為「神待木」「松大人」「門木」。將松樹與三根竹子以及梅花樹枝組合起來的「松竹梅」門松在江戶時代透過商人階級普傳開來；而一般民眾開始在門口擺上成對門松的習慣，也是江戶時代以後的習俗。面向門口的左側會安置雄松，右側則是安置雌松；雄松會使用黑松，雌松則是使用赤松。

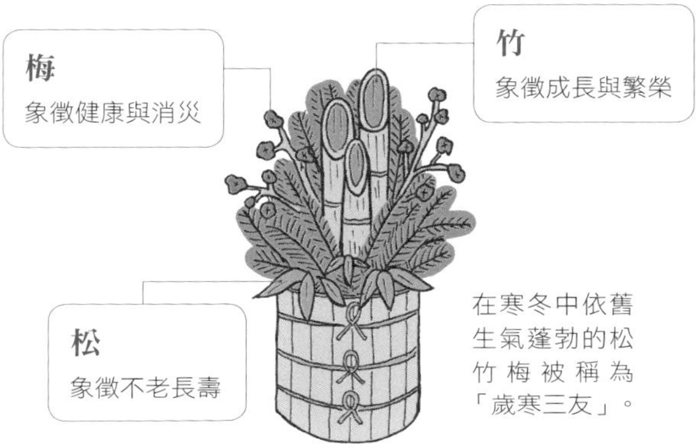

在寒冬中依舊生氣蓬勃的松竹梅被稱為「歲寒三友」。

注連飾

注連飾的起源據說是當初為了防止天照大神再度重返天岩戶，所以將注連繩在岩戶的入口而來的 *2。在古時候到了年底會編製新的注連繩，並由一家之主懸掛起來，日後吉祥的物品慢慢被添加上去，進而演變為華麗的注連飾。

鏡餅

鏡餅得名自它宛如銅鏡般圓圓的外型，自古以來被認為是祭祀年神的神聖食物。鏡餅是由分別象徵月亮（陰）與太陽（陽）、大小不一的麻糬疊放而成，是相當吉祥的物品。在 1 月 11 日開鏡 *5 這一天將鏡餅自供桌撤下來享用，便能獲得全新的生命力。

提升運氣！！

- 迎接年神提升運氣！
- 在日期中有 8 的吉日擺設飾品！

京都的門松是有帶根的？

京都人會在家門口擺放名為「帶根松」這種以書法用紙裹住後，再用紅白水引綁起來的帶根細長幼松，這麼做的背後帶有「紮根」的期盼 *6。

*1：日本自古流傳的新年習俗之一，在一年起始之際，人們會用書法寫下新年的抱負或是目標。
*2：在日本神話中，太陽神天照大神因為對胞弟的惡作劇感到不堪其擾，於是隱身於名為「天岩戶」的洞穴中，使得世界陷入一片黑暗；而眾神為此傷透腦筋，想方設法要讓天照大神踏出洞穴。
*3：一種蕨類植物的名稱。
*4：紙垂是是使用於日本神道教中的宗教物品，通常會附於注連繩上，具有界定神聖空間界線的功能。
*5：開鏡當天會用槌子將供奉給年神的鏡餅（麻糬）敲開，煮成雜煮或是紅豆麻糬湯享用，以祈求新的一年獲得神明庇佑、平安健康。
*6：引申的意義為「腳踏實地」「持續成長」。

Winter Tradition

12月31日

熬夜等待年神的造訪！

大晦日（除夕）

迎接新年來臨的前一天，
等待年神駕臨、
一整年中最重要的一天。

舊曆中的最後一個月被稱作是三十日月，而「晦日」原本其實是寫作「三十日」，但這個用語後來產生變化，每個月的最後一天逐漸被稱為「晦日」，而十二月三十一日因為是一年中的最後一天，所以是「大晦日」。

此外，每個月的最後一天因為不見隱藏身影的月亮，所以也被稱作「晦（tsugomori）[*1]」。「晦」這個詞是從意味著不見月亮蹤影的「月隱」這個用語演變而來，而一年的最後一天也稱作是「大晦」。

一年中的最後一天到新年元旦（即為正月初一的早晨）的這段期間稱為「跨年」，而在一年要過完以前的時間被稱為「除夕夜」，意味著除去過去一年的災厄。在舊曆的觀念中，日落後便是一天的開始，所以除夕夜其實已經邁入新年，而人們在日出時年神駕臨前，會敲響除夕夜的鐘聲以消除罪過。

古時候的人為了要在跨年的夜晚迎接年神到來，並領取壓歲錢，會有整夜不睡的守歲習慣。完成迎接新年的各式準備後，便是淨化身心、並且耐心等候年神駕臨的時間。而據說這一晚若是早早就寢的話，會被認為是對年神不敬，白頭髮跟皺紋會增生，老得比較快。為了避免老得快，也為了能順利接收年神所帶來的新年好運，在除夕夜至少等到敲完鐘後再睡吧。

小知識

日本有個習俗是在除夕夜享用加入了吉祥菜的「添歲菜」，迎接年神的到來。添歲指的是享用跟年神供品相同的菜色、增添歲數的意思。添歲菜中必見的菜色是「添歲魚」，過去在東日本吃的是鮭魚，西日本吃的則是象徵晉升的鰤魚。現在在新潟縣跟長野縣依舊有吃添歲菜的習慣。

跨年蕎麥麵和除夕敲鐘

跨年蕎麥麵跟除夕敲鐘是大家耳熟能詳的除夕夜習俗，但為什麼要吃蕎麥麵？又為什麼敲鐘要敲 108 下？

跨年蕎麥麵

跨年蕎麥麵別名「三十日蕎麥麵」或「晦蕎麥麵」，據説是源自忙碌的商家在深夜吃蕎麥麵的習慣。不過這項風俗其實是在昭和 40 年代 *2 才在日本全國普及開來，是相對來説比較新的習俗。蕎麥麵因為又細又長，蘊含著健康長壽、家運昌隆的意思；此外，由於金飾品工匠會利用將蕎麥粉搓揉成的圓球來聚集四散的金粉，因此也是帶有「聚財」之意的喜氣食物。

跨年蕎麥麵幾點吃？

關於這點其實沒有明確的規定，只要是在 31 日當天，幾點吃都無所謂。不過因為是「跨年」蕎麥麵的關係，所以大部分人似乎會選在晚上 10 點到 11 點以後這段時間，邊收看《紅白歌合戰》邊享用。

為什麼要吃蕎麥麵？

蕎麥麵細長的特徵被用於祈求長壽，同時麵體容易咬斷這一點，表示了揮別過去一年的厄運。此外，鎌倉時代有個商人據説吃了蕎麥餅後便好事連連，所以蕎麥也被稱作是「運蕎麥」「福蕎麥」，這也是蕎麥麵受到青睞的理由。

除夕敲鐘

除夕敲鐘指的是在除夕晚上跨過半夜 12 點所敲響的鐘聲，總共會敲響 108 下，這是因為在佛教的教義中，人類共有 108 種煩惱之故。折磨人心的惡念稱為煩惱，只要敲響與煩惱數量相同的鐘聲，便能消除過去一年的罪過，在斬斷欲望與執著的情況下迎接新年到來。

提升運氣！！

- 吃蕎麥麵提升運氣！
- 除夕敲鐘消除罪過！

除夕敲鐘始於何時？

除夕敲鐘始於中國宋朝，而它最初是舉辦於冬至前一天、用於驅散惡靈的宮廷儀式。日本在進入鎌倉時代以後，禪寺每天早晚都會敲響 108 下鐘聲，據説便是除夕敲鐘的源頭。

*1：「晦」這個詞在現代日文中除了意味著「每個月最後一天」以外，還有「不見月亮、晦暗」的意思。

*2：昭和 40 年代為西元 1965 後的十年期間。

Winter Tradition

1月1日～3日

新年

年神到來！

迎接帶來幸運與繁榮的年神，為值得慶祝的新年揭開序幕。

為一年揭開序幕的新年有著為數眾多的慶祝儀式，掛上注連飾、立門松、擺上鏡餅、享用年菜與雜煮、飲用屠蘇酒。小孩子們可以領取紅包，然後在吃完年菜後前往新年參拜。除此之外還有許多其他習俗，新年可說是一年當中最為特別的日子。

新年最初是為了迎接為新的一年帶來豐收與好運的年神的儀式。像門松是為了讓年神在駕臨時方便辨識、注連飾用於劃分出神聖的場所、鏡餅用於供奉給年神享用一樣，每項新年裝飾都有其意義存在（參照第88頁）。

年神也被稱作是「正月大人」「歲德神」，還有一說指出年神其實是祖先的靈魂。換句話說，新年跟夏天的盂蘭盆會是成雙成對的，而夏天的盂蘭盆會隨著歷史進展佛教色彩日趨濃厚，新年也因而逐漸變成將祖先的靈魂作為神明迎接的日子。此外，古時候日本人也認為祖先的靈魂在春天會化身為駕臨村落的田神，並在收成後的秋天化身山神回歸山中，到了新年則是會化身為年神造訪家中。

而年神會從一月一日早上的「元旦」到七天後的「松之內」這段期間滯留於家中*1。對於過了一月三日馬上就要上班的人來說，如果能在松之內期間意識到年神依舊滯留於家中，並予以供奉的話，想必能獲得一整年的好運*2。

小知識

到了新年，小孩子們最期待的便是「壓歲錢」。壓歲錢起源於供奉給年神的圓形麻糬，這樣的麻糬最初是被稱作「御歲魂」，供奉完後會分送給年輕人。這樣的習慣到了室町時代演變為互贈酒、毛筆、硯台等，而在進入江戶時代後，則是變成餽贈如同今日的壓歲錢。

跟「初」有關的習俗

在新的一年展開之際，有許多跟「初」有關的習俗，像是「新年參拜」跟「新年日出」「初夢」「初遊」等 *3，這些都是一年起始之際的習俗。

新年日出

進入新的一年後，第一天早晨所升起的太陽便為「新年日出」。新年日出也被稱作是「御來光」，習俗上會向新年日出膜拜，祈求新的一年獲得好運。而在高山山頂所迎接的御來光，更被認為是特別難能可貴的新年日出。

初夢

進入新年後第一個做的夢被稱作為「初夢」。關於做初夢的日期眾說紛紜，不過一般來說初夢指的是 1 月 2 日晚上所做的夢，而夢境內容可用於占卜一整年的運勢。俗云「一富士、二老鷹、三茄子」，如果夢境中出現這些東西便是好運的象徵。

初夢的習俗①

在牆上掛畫

在寢室中掛上富士山等吉祥的畫。

初夢的習俗②

精選棉被

棉被的花紋最好選用有驅邪效果的吉祥圖樣。

初夢的習俗③

枕頭下方放置七福神的畫

在枕頭下方放置七福神的畫據說便能做個好夢。

提升運氣！！

- 和年神一同祥和度過
- 膜拜新年日出，祈求提升運氣！
- 新年期間盡情享受跟「初」有關的習俗

寫下吉祥話

相信很多人小學時的寒假作業有新春書法這一項，有些人會寫下新年的抱負與目標，不過新年後第一次揮毫時，最好是寫像「富士山」「日出」「松竹梅」這類吉祥的詞語。

*1：松之內意味著新年擺設門松的期間，一般多半會擺到 1 月 7 日或是 15 日。
*2：對於日本上班族而言，新年假期多半放到 1 月 3 日。
*3：「新年參拜」跟「新年日出」的日文分別是「初詣」跟「初日の出」。

Winter Tradition

1月1日～3日

御節料理（年菜）

滿是吉祥菜色的佳餚

與年神共享的每道菜色都帶有吉祥意涵、滿載著好運的御節料理。

御節料理的「御節」是「御節供」的簡稱，御節料理最初是指在象徵季節轉換點的節日（元旦與五節）上供奉給神明的供品，而一年中就屬新年料理最為重要，也因此被稱作御節料理。新年的御節料理在習俗上是供奉年神用的供品，民眾會在撤下後享用，並祈求健康安全以及全家人居家平安。此外，御節料理也跟在迎接年神的新年期間，會盡量避免炊煮開伙的習慣有關。

在習俗上，御節料理為帶有吉祥意涵的山珍海味，會被裝在可以層層堆疊的漆盒中，代表著「喜氣重重」。而正式的御節料理會從「一重」堆疊到「與重」，總共四層*1，在象徵「完整」的數字三之上再增添一層之意。而第四層之所以被稱為「與重」，是因為「四」的發音同「死」的關係；在料理的菜色數目上，以奇數的三、五、七道菜被認為是能招來好運的。

御節料理的漆盒中多半會擺放最為經典的菜色，在關東的話為黑豆、鯡魚子、小沙丁魚乾；關西的話則屬黑豆、鯡魚子、涼拌醋牛蒡為不可或缺的料理，這些菜色被稱為「三肴（三種祝賀菜）」，是祈求五穀豐收跟多子多孫的吉祥菜。

新年期間所使用的筷子為兩頭都是尖的「祝箸」，其中一頭是給年神使用，另一頭則是給人使用，意味著與神明一同進餐的「神人共食」。

小知識

另外一項必備的新年菜色就是雜煮，雜煮的烹調法以及調味方式會隨著地區與各戶人家有所不同；以東日本與西日本來看，這兩個地域所放入雜煮中的麻糬的形狀跟吃法也是大異其趣。東日本的人會將四方形的麻糬先烤過後再放入雜煮的湯中，西日本則是會將沒有烤過的圓形麻糬直接放入湯中煮。雜煮最早是出現於室町時代宴席上的菜色。

漆盒中的菜色以及每道菜的意涵

御節料理雖然根據地區不同會有所變化，不過各層漆盒中所裝入的菜色是固定的，自古以來擺盤都是按照規定進行，而每道菜也都有著各自的意涵在。

一重

第一層是用來配酒的「祝賀菜肴、開胃菜」，裝有祈求健健康康、孜孜矻矻生活的黑豆，祈求豐收的小沙丁魚乾，祈求多子多孫的鯡魚子，紅白雙色的魚板，甜味厚蛋卷，象徵喜悅的昆布卷，以及財運亨通的栗子地瓜泥。

二重

第二層裝的是「煎煮菜」，有惠比壽神所釣到、發音又近似「喜氣洋洋」的鯛魚，俗稱出人頭地魚的鰤魚，以及彎腰拱背象徵長壽的蝦子等，裝的主要是海鮮類。

三重

第三層裝的是「燉煮菜」。裡頭裝滿了可以洞察未來的蓮藕 *2，祈求多子多孫的番薯，還有冒出長芽的慈姑和牛蒡等燉煮菜。

與重

第四層裝的是「涼拌菜」。裡頭裝有由紅色的紅蘿蔔跟白色的白蘿蔔製成，讓人聯想到水引的醋醃紅白蘿蔔絲，還有切成菊花狀、象徵延年益壽的菊花蕪菁和醋漬章魚。

提升運氣！！

- 享用吉祥菜提升運氣！
- 補充體內的運氣！

祈求長生不老的藥酒「屠蘇」

在元旦到 3 日期間所飲用的屠蘇是平安時代自中國所傳入的藥酒，其作法是將混合好的藥草浸在清酒或是味醂中。飲用屠蘇的目的是為了祈求驅邪與長壽，飲用時會從年幼者開始依序喝下。

*1：「重」在日文中有「層」的意思。
*2：蓮藕因為有孔洞，可以透過這些孔洞看到前方，引申為洞察未來。

Winter Tradition

1月1日～7日

新年參拜

新年參拜的起源是惠方參拜？

在一年之始到神社或寺廟進行參拜，這樣的儀式據說是要到了江戶時代後期才開始在一般民眾間普及開來。而當時所流行的是前往位於吉祥方位的神社廟宇參拜的「惠方參拜」，延續至今便演化成新年參拜。

新年原本是迎接年神的的日子，因此過去的習俗是會待在家中避免外出。雖然古時候也有舉辦於除夕夜的「除夕參拜」，以及在新年來臨前待在神社內的「蟄年」習俗，但一般來說人們在天亮後便會打道回府，於自家中度過新年。現代的新年參拜習俗是在進入明治時代後才建立起來，契機是因為當時的鐵路網發達，鐵道公司為了爭取乘客搭乘所推出的宣傳活動。

在一年之初向神明請安，好運、健康運、財運……祈求所有運氣都能提升！

在神社參拜時有固定的規矩，基本上是在神明面前「2禮2拍手1禮」。不過若是在寺廟參拜的話不會拍手，而是雙手合十膜拜。抽籤若是抽到大吉可將籤條帶回家，其餘的籤則是綁到樹上，不過這項規定並非那麼講究。不過切記千萬別將籤條綁在非指定的地方。吉祥物品「破魔矢」在過去是新年射箭儀式上所使用的箭，因為其名為「射魔」，所以被認為具有消災的功效。

雖然新年參拜的歷史出乎意料地短，不過在特別的日子進行參拜一直是相當重要的傳統。而運勢並不會因為過了一月三日才去參拜而低落，所以若想避開人潮的話，可選在參拜信眾變少的時候去。

小知識

新年參拜時有不少人會透過抽籤來占卜新年運勢。籤運由好至壞依序是「大吉>吉>中吉>小吉>末吉>凶」，連大凶籤也算進去的話，部分神社寺廟的籤詩種類高達 7 種。不過抽籤跟占卜在意義上有些不同，重要的是籤詩所為我們指引的方向。不要太在意吉兇，誠心接納神明所要傳達給我們的訊息吧。

新年參拜的規矩

新年參拜過程中向神佛祈求心願時有一定的規矩與習俗。參拜時務必要遵守規矩，以免對神佛造成不敬。

鳥居

鳥居可為參拜者去除身上的晦氣，而參拜時要從按照順序，自神社最外側的一之鳥居步入參道。參道正中央是神明行走的通道，步行時避免走在正中間。穿越鳥居前先整頓一下衣物，並微微鞠個躬。

參拜

參拜時先微微一鞠躬後投入香油錢，接著搖鈴。搖完鈴後深鞠躬兩次（2 禮），雙手在胸前擊掌兩次（2 拍手）。在合掌祈求完畢後，再深深一鞠躬（1 禮）。

手水舍 *1

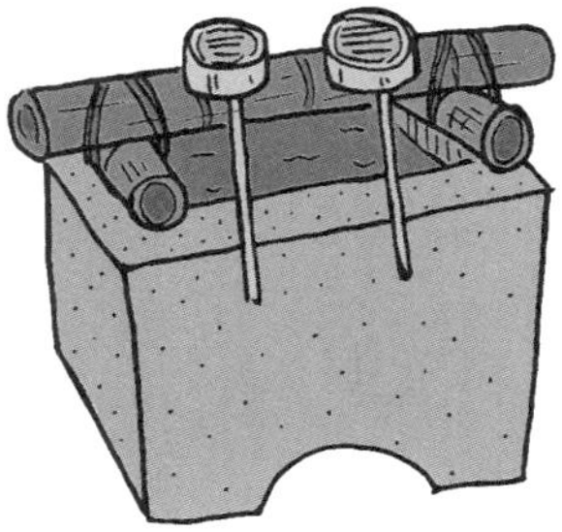

在手水舍要按照左手→右手→嘴巴的順序來淨身。漱口時要用左手盛水，碰觸到嘴巴的左手最後還要再清洗一次。

提升運氣！！

- 在一年之初向神明請安！
- 參拜時抱持虔敬的心態
- 將籤詩內容視為新年的方向指引！

香油錢必須投五圓？

投香油錢的歷史並不那麼久遠，早在最初是將名為「御捻」這種用白紙包裹住山珍海味或白米的東西作為供品供奉。另外，關於香油錢應該投多少並無定論，必須投五塊錢的說法只是因為五圓的發音同「緣分」*2。

*1：在日本到神社進行參拜前有清潔手與嘴巴的習慣，而手水舍指的便是神社中安放有水盤、可以提供清潔淨身的小亭子。

*2：日文中「五圓」與「緣分」的發音均為「ごえん（goen）」。

Winter Tradition

1月7日

七草粥

健康的傳統習俗

自體內提升健康運，撫慰疲弱腸胃的健康七草力量。

被稱作是「七日正月」的一月七日是五節之一的「人日節」。從六日晚上到七日早上的這段期間為「六日過年」「六日新年」，並且在正月七日的早上會享用由七種嫩葉所炊煮成的七草粥。享用七草粥的目的是藉由獲取嫩葉當中的生命力來祈求健康平安。

七草粥的起源，據說是來自古代中國官吏會在決定升遷的一月七日這一天吃下藥草的嫩葉，藉此祈求出人頭地的典故。這個風俗傳入日本後在平安時代被納入宮廷儀式中。當時的吃法是將七草煮成湯來喝，但日後逐漸演化為加入粥中享用，到了江戶時代還被納為幕府的官方儀式，享用七草粥的習慣也在此一時期普及至一般百姓人家中。

民眾會在六日白天摘採七草，並在七日當天早上將七草作為早餐享用。春天的七草雖然隨著地區不同有所出入，不過一般來說指的是出現於和歌中的「水芹、薺菜、鼠麴草、繁縷、寶蓋草、蕪菁、白蘿蔔，此為七草」。在烹煮七草時，有個傳統是在砧板上切菜或剁菜時要盡可能大聲切出聲音來，甚至還有用來搭配切菜的歌謠。而實際上這樣的習俗有助於釋出七草中的營養價值，讓身體得以完全吸收。享用七草粥的傳統當中蘊含著先人的智慧，有助於身體在青菜較少的冬季補充維他命，同時也讓因為豐盛年菜而疲弱的腸胃得以休息，善加利用七草粥來補充體內的健康能量吧。

小知識

煮七草粥時，有個習俗是邊唱七草歌邊切菜。七草歌的歌詞根據地區不同而有所出入，不過基本上是「七草薺菜，唐土之鳥尚未渡海前來日本之際，敲打七草，咚咚咚」。烹調時會反覆唱誦這樣的歌詞，另外也有其他說法指出這樣的習俗是會唱通宵，又或者是切菜的次數有一定的規定。

春天七草的功效

秋天的七草用於觀賞，春天的七草則是拿來食用。食用七草是古人的智慧，有助於在容易欠缺維他命的冬天補充營養。此外，這項行為也有著治療百病以及驅除邪氣的意義在。

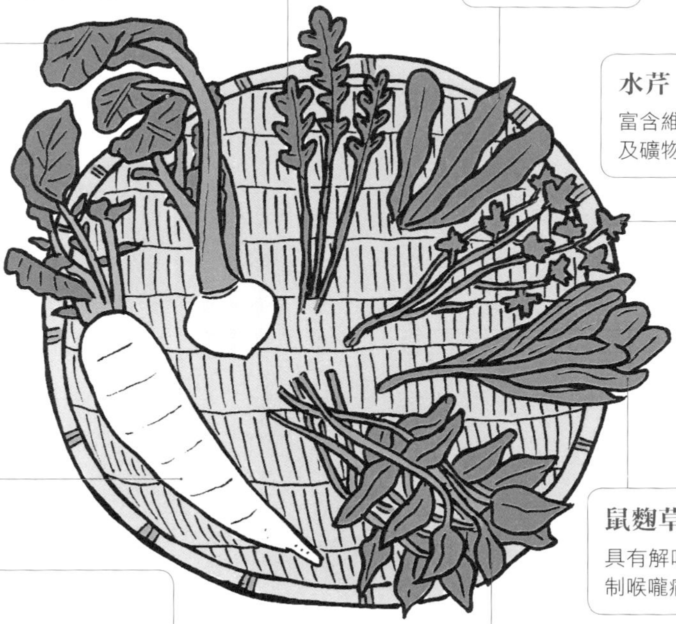

蕪菁

具有預防便祕以及成人病的效果，拿來被食用的根部中含有幫助消化的成分。

薺菜

具有良好的利尿、解毒作用，有調理腎臟以及肝臟機能的功效。

寶蓋草

具有預防高血壓的功效。

水芹

富含維他命 C 以及礦物質。

鼠麴草

具有解咳化痰、抑制喉嚨痛的功效。

白蘿蔔

富含維他命 C、鐵質以及纖維素，可預防感冒，也有助於消化以及解宿醉。

繁縷

別名「賽繁縷」，除了具備止血作用與利尿效果外，也可消除牙齦或是皮膚的腫脹疼痛。

提升運氣！！

- 日本自古流傳下來的健康料理！
- 獲取七草的生命力

醫食同源的傳統料理

春天的七草具備有宛如藥草般可調理腸胃的功效，同時還能促進食慾。在醫學上也有報告指出，七草可預防糖尿病的併發症並具有去除活性氧的功效。

Winter Tradition

1月的第二個星期一

成人式

冠婚喪祭的「冠」

即將成為大人的你，
或是家中有子邁向成人的你，
想要提升運氣都得靠自己！

冠婚喪祭中的「冠」意思是元服，古時候日本男性會舉辦戴「冠」或是「烏帽子」的成人儀式。就意思上來說可以這樣解釋「冠」，但在現代它則是人生中重要階段的禮俗，而成人式恰恰正是冠的儀式。

在現代日本，滿二十歲後即為成人，一月的第二個星期一會舉辦成人式。雖然出席成人式時服裝與髮型並沒有嚴格規定，不過女生多半會穿上華麗的振袖[*1]出席；而男生除了穿羽織袴[*2]以外，穿著西裝出席的人也不在少數。

在扮演著古代成人式功能的元服儀式上，會為男性舉辦生平第一次戴冠的「冠烏帽祝」儀式，為女性舉辦生平第一次將牙齒塗黑的「鐵漿染祝」以及剃眉毛的儀式[*3]。此外，男性還會將自幼使用的名字換成大人的名字並改變髮型，女性則是會舉辦將頭髮盤起來的「盤髮」儀式，以及獲准穿上名為「裳」這種服飾的「裳著」儀式，在這些儀式完成後才能算是成人。而這些儀式都是在十五歲左右舉行，藉由外表昭然宣示自己已經成人這樣的行為，背後也帶有讓當事人意識到自己已經長大成人的意義。

順道一提，政府所制定的成人式最早是在昭和二十一（一九四六）年十一月二十二日的埼玉縣蕨市以「第一屆青年祭」之名所舉辦的青年式。而現在在蕨市依舊也是以這個名稱舉辦成人式。

小知識

在被問到成人日是幾月幾號時，應該很多人會回答「1 月 15 日」，而實際上在昭和 23（1948）年時，確實是將 1 月 15 日制定為被列為國定假日的成人日，不過這樣的歷史只延續到平成 11（1999）年，現在的成人日是 1 月的第二個星期一。日期被調動的背景是因為「快樂星期一制度」的出現，為了促進觀光與運輸產業的活化、同時也增加連休，成人日於是被變更為星期一。

元服與成人式

跟現代相較之下，古代人成人的年紀比較早，他們在成人之際會更名或是改變裝束，就此躋身大人的行列。古人除了變換髮型外還會剃掉眉毛，不曉得他們是否會對跟昨天截然不同的自己感到不知所措？

元服

元服是在遠從比平安時代還要早的時代就開始舉辦的儀式，男性在完成元服儀式後，會舉辦名為烏帽子的戴冠儀式，而父母會賜與這位男性一個讓他用於改名的字，之後便正式成為大人。平安時代的女性則是會將散在額頭前的瀏海梳綁起來，並且改穿正式服裝「裳」。

男性的元服

元服是貴族與武士階級的儀式，而在民間一般會在虛歲 15 到 17 歲的期間，為男孩子舉行第一次繫上兜襠布的褌祝」儀式。

女性的裳

在民間碰上女生的成人式時，會舉辦名為「湯文字祝」這種首度穿上名為「湯文字」的內裙的儀式。

成人式

目前在日本，實歲 20 歲是民法中認定具有社會意義的大人的轉捩點年齡（2022 年 4 月 1 日以後修改為實歲 18 歲）。多數女生會在成人式當天穿上亮麗的振袖，不過其實穿著振袖的習慣據説是在 1960 年代高度經濟成長期後才普及開來的。

提升運氣！！

- 躋身大人行列運氣上升
- 身心都邁向大人！
- 換穿新的內衣褲保持活力！

成人式將有所變動？

將成人年齡下修的民法修正案已經通過，將來實歲滿 18 歲即認定為是成人。但是目前的成人式日期剛好落在大學入學考試的前後，所以未來成人式或許會有所變動也説不定呢。

*1：和服的一種，在現代日本是未婚女性出席正式場合所穿著的正裝。
*2：指的是上身為羽織（和服外褂）、下身為　（和式裙褲）的裝扮，為男性的正裝。
*3：女性在成人之際將牙齒染黑是日本古來的風俗，據説有預防蛀牙的功效。在江戶時代也是女性已婚身份的象徵。

Winter Tradition

2月3日

節分

趕走妖魔鬼怪、招來福氣！

節分這個詞意指季節交替之際，最初的意思是「分（分）開季節（節）」。在過去，四季所開始的立春、立夏、立秋、立冬的前一天全被稱作是節分。而就舊曆來看，因為立春前後剛好是新年的關係，所以唯有立春的前一天被當做「節分」這樣特殊的節日來度過。

撒豆的習俗據說是起源於古代中國的「追儺」儀式，儀式上會驅逐在季節交替之際帶來疾病與災難的鬼怪，這項儀式在奈良時代傳入日本，並在進入平安時代後被納入宮廷儀式中。古時候有個儀式稱為「鬼遣」，在儀式中會鳴弓驅趕戴上鬼怪面具、象徵邪氣的人。跟現在一樣拋撒炒過的黃豆的習俗，則是可以上溯至室町時代，並在進入江戶時代後，開始在一般老百姓間廣為流傳。

驅鬼招福，吃福豆喝福茶，滿滿的福氣也能跟著帶動運氣？

用於驅趕鬼怪的豆子是五穀中被認為具有神力的大豆，豆子的發音同「魔滅」，炒豆子的發音又與「射魔目（鬼怪的眼睛）」相通[*1]。一般習慣上會將節分前一天晚上炒過的豆子供奉於神桌上，這種豆子被稱作是「福豆」。而豆子之所以要先炒過，是因為被漏撿的豆子若是發芽的話，據說會招來壞運。撒豆是由一家之主所負責的任務，或是讓本命年的男性或女性來撒也可以。鬼所象徵的是邪氣、疾病與災害，在立春前把鬼怪（邪氣）給驅趕走，並把福氣召喚至家中吧！

小知識

在節分撒豆時，大家會吃下跟自己歲數相同，或是比歲數多一顆數量的豆子，這樣的習俗稱為「添歲豆」。不過老人家隨著年歲漸長，無法吃下那麼多豆子時，會喝下名為「福茶」這種將熱茶澆灌於黃豆粉麻糬或是等同自身年歲數量的豆子上的茶，這麼做所獲得的庇佑功效跟吃豆子是一樣的。

撒豆的規矩

想要藉由撒豆驅趕鬼怪、召喚福氣是有一定規矩在的。掌握正確的撒豆方式，驅走鬼怪，然後把福氣給牢牢捕捉住吧。

1 準備福豆

習慣上會在節分前一天的晚上將豆子供奉於神桌上。家中若是沒有神桌，可以在家中南邊視線比較高的地方鋪上白紙後供奉豆子。

2 打開大門與窗戶，在晚上撒豆

將大門與家中所有窗戶都打開，複誦兩次「鬼出去」「福進門」，並由一家之主從最裡頭的房間將豆子撒至房間外與房間內。而之所以規定在晚上撒豆，是因為鬼怪都出現於晚上。

3 在家中撒豆後，關上大門與窗戶

從家中最裡頭的房間向外移動出去並一面撒豆，最後站在玄關處朝外撒豆。結束後，為了不讓福氣消散，會將大門與所有的窗戶關上。關上門窗時務必要發出聲響。

4 吃下實歲＋1顆數量的豆子

撒豆結束後，吃下數量比自己年齡多一顆的豆子。之所以要多吃一顆是為的是消除新年的災厄。不方便吃豆子的人，也可以將茶澆灌到豆子上後喝下福茶。

圖為盛裝豆子的「節分枡」。「枡」原本是用於量測穀物的工具，唸法為「ます（masu）」，同「增、益」的發音，因此「枡」被認為是能夠「增添幸福」「益發吉利」的吉祥物品。另外，節分的鬼怪其實是「邪氣」的具體形象，而就豆子的功能是驅趕邪氣這點來看，節分時沒有人扮演鬼怪角色也不要緊。

提升運氣！！

- 驅趕鬼怪消災
- 招福提升運氣！

鬼怪是喜歡還是討厭味道不好聞的東西？

將烤過的沙丁魚頭刺到柊樹樹枝上後掛在屋簷下或是門口，這樣的習俗名為「燒嗅」，被認為具有驅邪的魔力。沙丁魚的味道可以吸引（或是驅趕）鬼怪，而柊樹枝的刺則可刺傷鬼怪的眼睛。

*1：豆子與魔滅在日文中發音均為「まめ（mame）」；炒豆子（豆を炒る）與射魔目（魔目を射る）的發音均為「まめをいる（mamewoiru）」。

Column 05

「勿為」「勿看」「勿說」禁忌的傳統習俗

日本自古以來便有「不能做」「不能看」「不能說」這一類被作為傳統習俗流傳下來的禁忌。

「勿為」的習俗

日本自古以來便有「不能踩踏敷居跟榻榻米邊緣 *1」的禁忌，不過這其實是因為這樣的行為被視為沒有教養、為人所忌諱，而為了遏制這樣的行為，這個禁忌於是誕生於老祖宗的智慧中。另外，「不能在晚上剪指甲」跟「不能在晚上吹口哨」也是一樣，為的是避免在暗處剪指甲受傷，以及在夜深人靜吹口哨造成他人困擾而誕生的禁忌。

「勿看」的習俗

在「鶴的報恩」與「浦島太郎」等童話中，描述了因為窺視了不該看的東西，結果造成悲劇收場的故事。另外，像有些屬於「祕佛」的佛像，也是連廟裡頭的僧侶都無法窺看的。這樣的禁忌是出於一般認為一旦不小心看到不該看的東西，可以變化的能力會因此喪失，又或者是神聖的力量會因此受損的緣故。對此我們應該理解為不管是做什麼事都要謹守分寸，並且注重社會禮節與傳統。

「勿說」的習俗

日本自古以來便有話語中存在靈力的「言靈」思想，因此會避免不吉祥的用語，改用其他說詞或是意思相反的用語取代，藉此招來好運。像是魷魚乾這個詞中的「する（suru）」因為會讓人聯想至頂罪，所以一般是被稱為「あたりめ（atarime）」*2；而婚禮在結束時不說「回去」「離開」，而會說「開始（お開き）」。另外，數字的 4 跟 9 因為讀音讓人聯想到「死」跟「苦」，因此為人所忌諱。平常包紅包時，忌諱可以被整除的偶數金額也是基於相同理由 *3。相反地，3 因為發音近似「充滿」*4，所以是相當吉利的數字。

*1：敷居指的是和式拉門門框下方的溝槽部分。
*2：「あたりめ」音近「中獎（あたり）」，被認為是比較吉利的稱呼。
*3：日文「整除」的動詞為「割り切れる」，會讓人聯想至分開、分離，因此可整除的偶數金額被認為是不吉利的。
*4：日文中的三個（三つ）讀做「みっつ（mittsu）」，充滿（満つ）則讀做「みつ（mitsu）」。

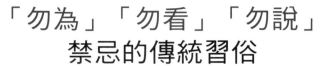

第五章

提升運氣的「人生」禮俗

人打從出生到死亡為止的期間，各個人生階段都存在著各種重要的禮俗。感謝神明庇佑健康，並且祈求好運，在在都是提升人生運氣的習俗。

人生始於禮俗也終於禮俗？

可見於人生重要階段的通過儀禮以及冠婚喪祭，這些都是重要的節慶禮俗。

人從出生以後到死亡為止的這段期間，存在著各種重要的人生階段，而這些重要的人生階段被稱作是「通過儀禮」。為生命的誕生感到喜悅，並向神佛祈求新生命可以健康成長、獲得好運以及出人頭地、長命百歲，這樣的行為在我們的生活中由父母傳承給兒女，再從兒女輩傳承至孫子輩甚或是曾孫輩，是一種對於他人展現關愛的表現。而我們的生活中存在著各式各樣的禮俗。

懷孕時，有祈求孕期平安、順利生產的「束帶祝賀」；小孩出生後，有祈求孩子健康成長的「七夜祝賀」「滿月參拜」「初食宴」「初節」或「周歲慶生」。小孩在七歲以前被視為是神明的孩子，而「七五三」便是感謝神明庇佑小孩平安長大的日子。慶祝孩子邁向成人的禮俗有「十三參拜」和「成人式」，另一項重要的人生階段則是「結婚」。

在這之後，人只要活著，就不免要舉辦眾多禮俗。除了自身的禮俗以外，若是有了小孩也要舉辦小孩的禮俗，孫子誕生後也要一併舉辦孫子的禮俗，禮俗就這樣不斷地在人生中反覆上演。即使是走到人生終點，也會舉辦「葬禮」這樣的禮俗，人就算從陽間的居民變成了陰間的居民，依舊能夠透過禮俗持續延續生命。人生中可說是充滿了禮俗。

在這一章中，就讓我們按照從「出生」到「葬禮」的時間順序來認識日本人自古所所傳承下來的重要人生禮俗吧。

*1：日本人為出生後的小嬰兒命名時，會將名字、出生年月日、身高、體重等記載於和紙材質的命名紙或是專門的命名紙上，此即為命名書。
*2：用 1 升的糯米（約 1.8 公斤）所搗成的麻糬。

生命曆

懷孕	懷孕 5 個月	束帶祝賀	孕婦在懷孕第 5 個月的戌日裹上束帶的儀式	P108
生產	出生	–	將臍帶保存在桐木盒內，並安置於神桌上	–
嬰幼兒期	第 3 天	三日祝賀	會讓小孩穿上嬰兒用和服，並向掌管生產的神明表達感謝，同時祈求保佑	–
	第 7 天	七夜祝賀	將命名書 *1 貼在神桌或佛壇前，公布小孩的名字	P108
	30 天左右	滿月參拜	男孩子會在出生後第 32 天、女孩子則是在第 33 天前往參拜	P109
	100 天左右	初食宴	祈求一輩子不愁吃、健康成長	P109
	人生中第一次迎接的 3/3、5/5	初節	小孩子在出生後首度迎接的節日	P110
	1 歲	周歲慶生	會盛大慶祝，並讓小孩背上一升餅 *2	P111
孩童時期	3、5、7 歲	七五三	女孩子慶祝 3 歲和 7 歲，男孩子則是慶祝 5 歲	P78、112
	3 歲	幼稚園開學典禮	進入幼稚園就讀	P112
	6 歲	幼稚園畢業 小學開學典禮	幼稚園畢業、進入小學就讀	P112、113
	12 歲	小學畢業典禮	小學畢業	P113
	13 歲	十三參拜	虛歲 13 歲的男女孩會前去參拜授予智慧的虛空藏菩薩	P38、113
	18 歲	厄年	女生的本厄是虛歲 19 歲，男生則是虛歲 25 歲	P23
成人	20 歲	成人式	於 1 月的第二個星期一舉行	P100、113
	男性 31 歲 女性 29 歲 ※1	結婚	結為夫婦，共組家庭	P115
	60 歲	還曆	慶祝 60 大壽的喜宴	P116
	88 歲	米壽	慶祝 88 大壽的喜宴	
	100 歲	白壽	慶祝百歲大壽的喜宴	
死後	男性 81 歲 女性 87 歲 ※2	守靈	舉辦於葬禮的前一天，是追思往生者的儀式	P118
		葬禮、告別式	為往生者祈求冥福，並進行最後的告別	P119
		出殯、火化、拾骨	由家人所執行的儀式，也是與往生者最後的告別	P120
		四十九日法會	是往生者前往西方極樂世界的日子。有些人會在這一天納骨	

※1※2 為平均年齡（2018 年厚生勞動省所公布資料）

成長

慶祝人生重要階段的禮俗

人打從出生到長大成人這段期間，會在各個重要的人生階段舉行種種禮俗，當中又屬出生後的一年內禮俗特別多。而這些禮俗都是自古以來相當受到看重、為小孩祈求健康成長以及好運的習慣。

束帶祝賀

從多產順產的狗身上沾喜氣*1

懷孕進入第五個月後的孕婦會選在戌日到神社參拜、祈求安產，並將束帶裹於肚子上，而這樣的習俗據說源起於江戶時代。束帶名為「岩田帶」，它的語源來自「齋肌帶」*2，而齋意味著「忌諱」，古時候生產時死胎的情況相當常見，被視為是一種晦氣，而裹上束帶便象徵進入了禁忌期。而名稱之所以會從「齋肌」演變為「岩田」，據說是來自於父母希望生下來的小孩可以有如岩石般強壯的期許。

七夜祝賀

決定嬰兒名字的日子

七夜祝賀是嬰兒出生後第七天的慶祝儀式，這項儀式起源於平安時代的「產立祝賀*3」。協助孕婦生產的產神會在生產後守護小嬰兒七天後才離去。就在產神離開的第七天當天，人們會幫小孩子取名，並向守護地方的土地神徵得讓這個孩子加入人類行列的許可，此即七夜祝賀的禮俗。這一天對產婦來說也象徵了一個階段的結束，有些人會在此時整理床鋪，為禁忌期畫下句點。

孕婦的守護神「產神」

產神是守護孕婦的神明，據説產神在孕婦開始分娩後便會降臨，並會於產後的七天守護在孕婦身邊。而小孩出生後，眾人會隨即煮飯，將「產飯」供奉給產神。

盛裝打扮首度外出
滿月參拜

生後滿一個月的小嬰兒會被帶去進行「滿月參拜」，目的是為了讓當地的土地神承認這個孩子。生於室町時代、日後成為將軍的足立義滿在出生後舉行了相當盛大的滿月參拜，據說這便是滿月參拜普傳開來的契機。一般來說男嬰的滿月參拜會舉辦於出生後的第三十二天，女嬰則是會舉辦於第三十二或三十三天。

在這一天，小嬰兒會換上有和服袖的盛裝，而非出生後所穿的嬰幼服。而大人們會將小嬰兒帶到土地神面前，以地方新成員的身分為孩子祈求庇佑。古時候孕婦在生產後的禁忌期為七十五天，在禁忌期間幾乎都是由媽媽以外的祖母和其他家人帶小嬰兒前去參拜。而在現代進行滿月參拜時，經常見到抱著小嬰兒的是祖母而非媽媽，這種現象也是這項傳統所遺留下的影響。

祈求吾兒健康的宴席
初食宴

初食宴是為出生後一百天的小嬰兒祈求一輩子不愁吃、同時健康長大的禮俗。初食宴又被稱為「百日」「箸揃」「箸祝」。在宴席上小孩子所使用的食器，男生會採用塗成紅色的漆碗，女生則是會採用內側為紅色、外側塗成黑色的漆碗。宴席上可見保留頭尾的烤魚，以及紅豆飯、清湯等一湯三菜的菜色。而除了料理以外，為了祈求小孩的牙齒生得健康，還會另外擺上「固齒用的小石頭」。同席的長輩必須負責用筷子夾起石頭，做出讓小孩子吃的樣子。

*1：狗是既多產又順產的動物，同時代表了地支中的「戌」，而日本人為了沾狗的喜氣，祈求孕婦可以同樣順產，才會選在戌日到神社參拜祈求。
*2：「岩田」日文為「いわた（iwata）」，「齋肌」則是「いはだ（ihada）」，兩者讀音相近。
*3：在生產完後的當下，或是產後三天或七天，讓母親跟新生兒與產神一同進食的儀式。

在小嬰兒的額頭上寫上「犬」字

滿月參拜時，會用紅花的汁液或紅墨水在小嬰兒額頭上寫下「犬」或「大」字，這習俗為「綾子」，目的在於祈求健康。這也帶有驅魔的意義，同時也是為了從成長迅速的狗身上沾喜氣。

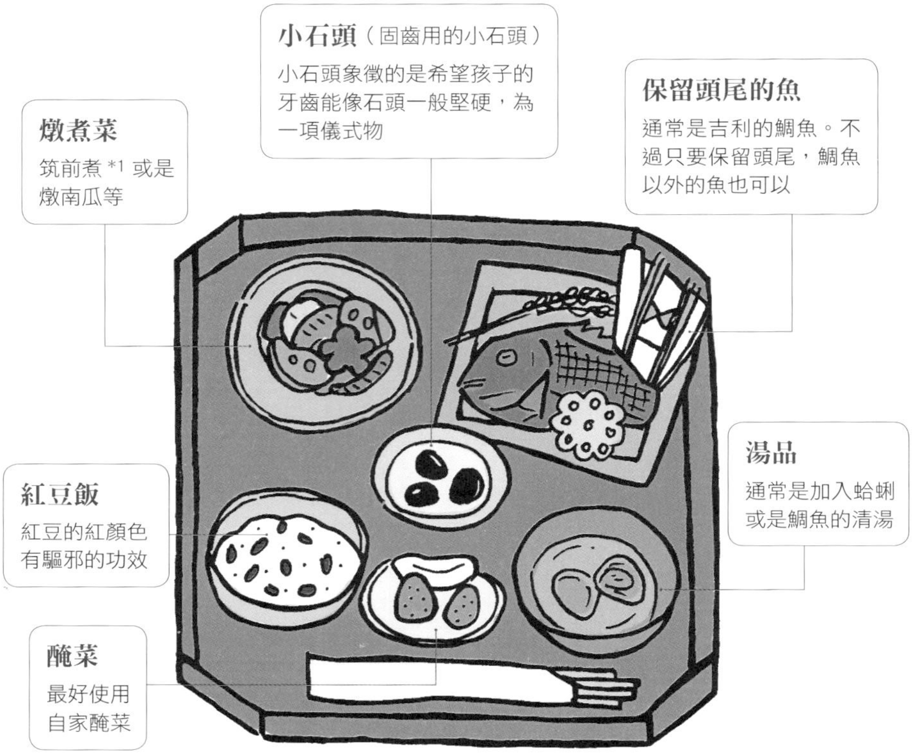

小石頭（固齒用的小石頭）
小石頭象徵的是希望孩子的牙齒能像石頭一般堅硬，為一項儀式物
燉煮菜
筑前煮 *1 或是燉南瓜等
保留頭尾的魚
通常是吉利的鯛魚。不過只要保留頭尾，鯛魚以外的魚也可以
湯品
通常是加入蛤蜊或是鯛魚的清湯
紅豆飯
紅豆的紅顏色有驅邪的功效
醃菜
最好使用自家醃菜

習俗上會盛大慶祝 初節

初節是小孩出生後第一次過的節日。女孩子是三月三日的上巳節（參照第30頁），男孩子則是五月五日的端午節（參照第42頁）。上巳節又稱為「桃花節」「女兒節」。而上巳節這一天之所以會擺設雛人偶，據說是平安時代的流水雛人偶跟貴族女童的遊戲「雛遊」結合後演化而來的。端午節原本是驅逐邪氣的節慶，但在進入江戶時代後，武士人家開始會在這一天祈求男孩子健康成長。

紅豆飯是可以除魔的神奇食物？

紅豆飯中的紅色被認為具有除魔的力量。在過去的宮廷中，3月3日、5月5日、9月9日這些節日上都可見到紅豆飯的身影。不過，古代京都的習俗是碰上喜事吃白飯，遭逢凶事則是吃紅豆飯。

周歲慶生

感謝小孩在過去一年平安成長

古代是以虛歲（參照第38頁）來計算年齡的，所以只要每次碰上過年，所有人都會同時長一歲，不像現代人會各自慶祝自己的生日。不過小嬰兒在出生後滿周歲的這一天，被視為是特別的日子，會舉辦「周歲慶生」盛大慶祝。這是因為在過去小嬰兒要平安長大到一歲並非易事，此外也順便藉此機會祈求小孩日後健康成長。

在過去的慶生會上，人們會舉辦名為「祝餅」「背負餅」這種讓小孩背上用一升的糯米所搗成的大麻糬的禮俗。而小孩若是不堪荷重、哭得越是大聲，就表示將來會越健康。

此外，在慶生會上還會舉辦「踏餅[2]」這種禮俗，或是預測將來的職業或是能力的「選取[3]」禮俗。一升餅背後蘊含著「一生不愁吃」的意涵。

1：將蓮藕、紅蘿蔔、竹筍等蔬菜跟雞肉一起燉煮的料理。
*2：讓小孩踏在麻糬上做出走路的樣子。
*3：會準備各式物品讓小孩挑選，類似中華社會文化中的抓周。

在周歲生日上第一次開始走路？

小孩子滿周歲代表正式加入了人類的行列，因此必須學會站起來走路，在慶生會上會儀式性地讓小孩走路。相反地，滿周歲前就會走路的小孩被稱為是「鬼子」，這樣的小孩反而會故意讓他跌倒。

感謝小孩順利成長
七五三

女孩子在三歲與七歲時、男孩子在五歲時會慶祝「七五三」（參照第78頁）。七五三的起源儀式可上溯到平安時代，歷史相當久遠，並在進入明治時代以後確立了現今的形式。此外，七五三一直要到第二次世界大戰以後才開始普及於一般民眾之間。三歲的起源儀式是「蓄髮」，五歲的起源儀式是「穿袴」，七歲的起源儀式則是「解帶」。這些儀式在江戶時代中期被彙整成同一個儀式，並在江戶後期制定於十一月十五日舉行。

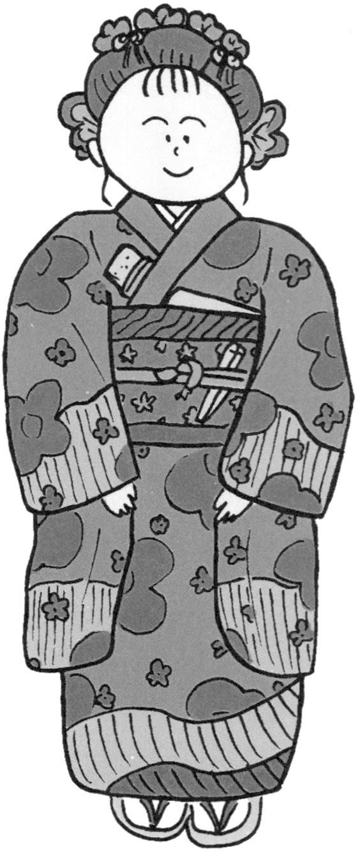

邁向社會生活的第一步
進入幼稚園、小學就讀

幼稚園或托兒所是小孩子揮別過去只有家庭的生活，邁向群體生活的第一步。而進入中小學則是更上一層樓，加入新的群體社會。無論是進入幼稚園或小學，對於小孩子來說都是人生一大事。而小孩子在收到慶祝入學的紅包時，要教導他們主動表示謝意。對孩子們來說這是學習的良機，可藉此習得表達感謝的社會禮節。

七五三之所以落在11月15日的理由

據說是跟江戶第五代將軍德川綱吉在11月15日為兒子德松舉辦祈求儀式有關。另外還有一說指出，這一天剛好是祭神的霜月中正中間的日子，跟陰陽道思想有關。

體驗離別的人生成長階段

幼稚園、小學畢業典禮

小孩子們在幼稚園或托兒所度過了群體生活後，將第一次體驗到跟朋友以及溫柔的老師「別離」的經驗。而度過六年漫長的小學生活、即將進入青春期的孩子們，則是會透過畢業這樣的儀式，再度穿越另一個成長儀禮。

日本最早的畢業典禮是陸軍戶山學校在明治九（一八七六）年六月二十九日所舉辦的「學生畢業典禮」。典禮上除了頒發了畢業證書以外，表現特別優秀的學生還獲贈了作為禮物的銀錶。

向傳授智慧的菩薩請安

十三參拜

虛歲十三歲的小孩會在農曆三月十三日前後，前往祭祀有虛空藏菩薩的寺廟進行「十三參拜」（參照第38頁）。十三參拜也被稱為「智慧行」「智慧參拜」或「智慧得」，可從菩薩身上獲得智慧與記憶力。

在法律上也正式成人的儀式

成人式

目前二十歲是法規上以及社會上認定為大人的人生關鍵年齡。女性會穿上華麗的振袖，男性則是會穿上西裝或是羽織袴，出席由各鄉鎮市區所舉辦的成人式（參照第100頁）。不過民法睽違一百四十年進行了修正，自令和四（二〇二二）年四月一日開始，成人年齡將下修為十八歲。

在 2022 年 4 月 1 日前滿 19 歲的人該怎麼辦？

成人年齡在重新審議評估後，將從 2022 年 4 月 1 日開始下修為 18 歲。而此時滿 19 歲的人也將在這一天加入新成人的行列。不過可以喝酒、抽菸以及合法賭博的年齡，依舊會維持在現行的 20 歲。

祈求百年好合的禮俗

結婚典禮的形式與流程隨著時代演進不斷改變，近年來變得不再那麼隆重。但是訂婚跟結婚典禮依舊是人生重大階段中的重要禮俗，其形式雖然發生了變化，但依舊存續於我們的生活中。

連結兩家人的重要儀式 下聘

下聘是兩家人交換贈禮，象徵講定婚約的儀式。儀式內容會因地區而異。

關東式的下聘（九種品項）

① **目錄**　為聘禮的清單，上頭會記載品項名和數量。

② **長熨斗**　即乾鮑魚片，象徵長生不老。

③ **金包**　聘金。來自男方的聘金稱為「御帶料」「御帶地料」。

④ **勝男武士**　即柴魚片。意味著可以產下並養育健康的小孩。

⑤ **壽留女**　即魷魚乾。祈求夫婦百年好合。

⑥ **子生婦**　即昆布。象徵多子多孫。

⑦ **友志良賀**　即麻線。意味著兩人可以白頭偕老。

⑧ **末廣**　即一組兩隻的白扇子，是蘊含日漸興旺之意的吉祥物。

⑨ **家內喜多留**　即清酒。裡頭包的是購買清酒的禮金。

關東式與關西式的下聘規矩

下聘的規矩因地而異，大致上可分為關東式與關西式。關東地區會說「交換」聘禮，而關西地區則會說「交納」聘禮。在關東地區，男女雙方都會準備聘禮，但在關西地區主要是由男方贈送聘禮。

許下誓約的莊嚴儀式
結婚典禮

在日本所舉行的結婚典禮主要有「神前婚禮」「佛前婚禮」和「基督教婚禮」。一般來說，在神前與佛前婚禮上，新娘的禮服為純白的和服或是色打掛*1，基督教婚禮則是穿著婚紗。

●神前婚禮

在第二次世界大戰以前，結婚典禮多半於家中舉行，不過在戰爭結束後，舉辦於神社的神前婚禮普及開來，其源頭據說是明治三十三（一九〇〇）年，時任皇太子（日後的大正天皇）所舉辦的結婚儀式。在神前婚禮上一開始會先舉行淨化儀式，接著由神職人員唸誦禱詞，向神明報告結婚一事。接著由新人喝下三三九度酒*2、朗讀結婚誓詞，並奉上玉串*3，再舉行「親族杯」這項由雙方親友互敬神酒的儀式。

●佛前婚禮

佛前婚禮舉辦於佛教寺廟或家族所皈依教派的寺廟正殿。在婚禮上，被稱為「式司」的僧侶會分別將供奉於佛前的白色佛珠與紅色佛珠贈予新郎和新娘。在許下結婚誓約後會捻香，新人接著喝下相當於三三九度的交杯酒，並聆聽式司講述佛法。

●基督教婚禮

基督教婚禮舉辦於教堂內，在神父或是牧師的見證下舉行。除了穿著婚紗以外，儀式上還會交換戒指、進行誓約之吻，充滿了讓人憧憬的要素。即使不是基督教徒也可舉辦基督教婚禮。

*1：「打掛」為和服的長罩袍，而「色打掛」是在彩色的打掛底布上施以金箔或刺繡的華麗服飾。
*2：在3個酒杯中分別斟滿3次酒後，由新人喝下的儀式。每一杯分別會喝上3次，共計為9次，因而稱為「三三九度」。
*3：玉串指的是在認為有神明所依附的紅淡比樹枝上綁上紙垂或麻布的宗教儀式用品，參拜者或神職人員會在神道儀式上將玉串獻給神明。

婚禮上的禁忌字眼

「結束」「離去」「切斷」「斷掉」「告別」「離開」「歸還」「破掉」「消滅」「苦」「薄」「膩」「屢屢」「反覆」等詞語被認為不吉利，在獻上祝福話語時應避免使用。

長壽

上看 120 歲的祝壽禮俗

在現在這個時代「人生百年」絲毫不足為奇。日本是長壽大國，而日本人的壽命今後應該也會持續攀升。慶祝長壽的「還曆」或是「喜壽」「米壽」根本不夠看！祝壽禮俗最大可是能上看 120 歲。

還曆是年輕人的年紀？祝壽禮俗

人在出生後，天干與地支的組合巡完一輪六十年稱為「本卦還」，而六十歲大壽之所以稱為「還曆」便是由此而來。在還曆大壽上贈送紅帽子與紅外褂給長者的禮俗廣為人知，但是為什麼要送這樣的禮物呢？還曆有著「曆法回歸」之意，意味著人生中第二次的誕生。所以說送上紅帽子與外褂背後的意涵是「像小嬰兒一樣再次獲得生命力，祈求健康長壽」[*1]，紅色同時也是可以驅魔的顏色。而過了還曆以後所舉辦的祝壽禮俗被稱為是「年祝」。以現代來看六十歲還是相當健壯的年紀，但對於平安時代的貴族們來說，過了四十歲便是「初老」，他們在這年紀之後，每隔十年便會舉行一次名為「算賀」的祝壽儀式。

還曆祝壽過的是實歲！

日本人自古以來過的都是虛歲，祝壽時基本上也是看虛歲，但唯有還曆祝壽會以實歲（虛歲 61 歲）來舉辦。另外，120 歲祝壽算的也是實歲。

祝壽年齡的名稱與由來

年齡	名稱	由來
61 歲（60）	還曆	60 歲時干支會回到出生那一年之故
70 歲（69）	古稀	取自杜甫的詩作「人生七十古來稀」，意思是自古以來活到 70 歲高齡並不常見
77 歲（76）	喜壽	「喜」字寫成草書看起來像「七十七」之故
80 歲（79）	傘壽	簡寫「傘」字可以得到「八十」之故
81 歲（80）	半壽	拆解「半」字後可以得到「八十一」之故
88 歲（87）	米壽	拆解「米」字後可以得到「八十八」之故
90 歲（89）	卒壽	簡寫「卒」字可以得到「九十」之故
99 歲（98）	白壽	將「百」這個字頂端的「一」拿掉後可得到「白」字之故
100 歲（99）	百壽 百賀 紀壽	100 歲大壽。超過 100 歲後，會逐年慶祝「百一賀」「百二賀」。紀壽的「紀」為一世紀（100 年）之意。
108 歲（107）	茶壽	拆解「茶」字後可以得到兩個「十」（草字頭）跟「八十八」之故
111 歲（110）	皇壽	拆解「皇」字後可以得到「白」（九十九）與「王」（十二）之故
121 歲（120）	大還曆	過了 60 歲以後干支又巡過一輪，為第二次的還曆之故

※ 年齡為虛歲，括號內為實歲

*1：古時候由於醫學並不發達、衛生營養條件不佳，導致新生兒的死亡率相當高，也因此當時嬰兒出生後，會讓他們穿上被認為有驅魔力量的紅衣服。而還曆因為被視為是人生第二次誕生，因此有送紅帽子與紅外褂的習慣。

人生最終儀式的禮俗

從臨終到納骨的這一段期間，哀悼故人的往生，讓他們可以安心前往西方極樂世界的禮俗並非只是為了替往生者祈求冥福，同時也能為遺族帶來心理上的慰藉。以下便針對佛教送葬的禮俗進行說明。

習俗上會徹夜舉行守靈

守靈又被稱為「夜伽」「共夜」，最初是遺族與近親、親朋好友齊聚一堂，與往生者共度一夜、徹夜緬懷的儀式。

而在現代的守靈夜上，遺族或近親一般是為了不要讓枕邊祭壇的線香與蠟燭的火熄滅，因而舉辦守靈儀式。而請來和尚誦經，或是讓弔唁者上香的守靈儀式，是以晚上六～七點左右到九點左右為止的「半守靈」為主流。

●枕飾

枕飾指的是安置於遺體枕頭邊的小祭壇。在佛教儀式中主要是

在白色的台桌上擺上花瓶、香爐與燭台。

擺放原則由左至右為花、爐、燭。

●守靈宴

守靈宴指的是為前來弔唁的客人所設下的宴席，宴席除了提供緬懷往生者的機會以外，同時也帶有與往生者共進最後一餐的祭祀意味在。

往生者的禮俗

在見證臨終後，往生者的家人會進行「臨終水」儀式，用附於筷子上的棉花來擦拭往生者嘴唇。此外還有枕飯 *1、淨身用的湯灌 *2、大體化妝和壽衣等禮俗。

一般葬禮（佛教）的流程

葬禮　簽到、開場典禮 → 僧侶入場、誦經 → 接受弔唁 → 遺族捻香

↓

告別式　追思者捻香 → 僧侶退場 → 接受弔唁電報 → 結束告別式

↓

出殯　出殯準備 → 靈車運送、目送 → **火化、拾骨**

↓

還骨法會、頭七法會 → **精進落** *3

※上述內容為概略流程，實際的流程是由住持確認，並視當天的情況調整。

葬禮、告別式

祈求冥福的的告別儀式

在佛教的葬禮中，結束開場儀式後會有僧侶入場誦經，並在接受弔唁致詞後由遺族來捻香。此時葬禮告一段落，接著會舉行告別式。告別式上追思者完成捻香後，僧侶便會退場；若是有接到弔唁電報的話，會在會場上朗讀，接著便結束儀式。之後會在棺材內放入「告別花」，向往生者進行最後的道別後出殯。葬禮跟告別式最初是分開的儀式，不過現在多半會一併舉行。

*1：供奉於大體枕邊、盛得尖尖的白飯，上頭會插上一根筷子或是竹棒或木棒。
*2：用熱水擦拭大體、為往生者淨身的儀式。
*3：「精進落」指的是服喪期間的齋戒期結束、回復正常生活的意思。
*4：奠儀在日文中的漢字寫作「香典」。

奠儀的意義和奠儀的回贈物

奠儀最初指的是在往生者靈前奉香之意 *4，而遺族也會回贈禮物，通常是回贈金額相當於奠儀 1/2 或 1/3 價值的物品。近年來一律採取當日回贈的作法有增加的趨勢。

火化後撿拾遺骨

出殯、火化、拾骨

結束葬禮與告別式後，出殯時會舉行在棺材蓋上敲釘的「封釘」儀式，會由喪主用小石頭依序分別敲打兩次。出殯時是由親屬中的男性負責抬棺，放入靈車時須從棺材腳的位置進入。

棺材被送入火化爐後，由喪主開始依序捻香。火化完畢後會進行用竹製的長筷子將遺骨撿拾起來、並放入骨灰罈中的「拾骨」儀式。而火化業者所核發的「火化埋葬許可證」則必須提交給墓地的管理單位。

服喪期間在這一天結束

四十九日法會

往生者過世後的四十九天內是服喪期間，在過了四十九日法會後，服喪期間便告結束。四十九日據說是閻羅王的最終審判之日，也是決定往生者能否前往西方極樂世界的大日子。因此在所有法會中屬四十九日法會最為重要。遺族與親戚會齊聚於家族所皈依教派的寺廟中，並在誦經結束後設下宴席，這樣的宴席被稱作是「精進落」。多數人會順便在這一天納骨，並配合納骨事先準備好上過漆的牌位、進行開光。

在三十三回忌上成為祖先

忌辰法會

忌辰法會是在固定年所舉行的追思祭祀儀式。一周忌是往生後隔年的祥月命日（意即往生後隔年的同月同日）所舉辦的最初的忌辰法會。此後會在過了「回忌數減一」的年數時舉辦忌辰*1。一般來說，在三回忌、七回忌、十三回忌後會舉辦三十三回忌（有些派別還有五十回忌）法會來追思祭祀。而往生者則是透過這樣追思的過程才能化身為祖先。七回忌以後的忌辰是日本特有的習俗，而在法會上請和尚出席的習慣，則是源自江戶時代的檀家制度*2。

喪假

因為近親過世所請的假稱為「喪假」。各家企業行號所核准的喪假日數不一，有些公司甚至不支薪。另外，請喪假時必須提交訃告作為證明。

◆ 舉行於一周忌以前的法會

忌日法會	● 頭七 最常見的是在葬禮當天所舉辦的「提前頭七 *3」 ● 四十九日 是服喪期間告終的法會，一般會在這一天納骨 ● 百日 祭祀在四十九天法會過後獲得超渡的往生者
年忌法會	● 一周忌 守孝期在過了一周忌法會後結束
盂蘭盆法會	● 新盆、初盆 往生者在往生過了四十九天以後第一次到來的盂蘭盆會

◆ 服喪與守孝的期間

往生當天	49 天	……	365 天	366 天
死亡日	四十九日法會			一周忌法會
←　服喪　→		←　守孝　→		
	過了四十九天後，往生者的靈魂會前往佛祖所在處			守孝期在完成一周忌後結束

◆ 年忌法會

時期（年數）	年忌法會	時期（年數）	年忌法會
滿 1 年	一周忌	滿 22 年	二十三回忌
滿 2 年	三回忌	滿 26 年	二十七回忌
滿 6 年	七回忌	滿 32 年	三十三回忌
滿 12 年	十三回忌	滿 36 年	三十七回忌
滿 16 年	十七回忌	滿 49 年	五十回忌

*1：比方說三回忌是「3-1 ＝ 2」，因此會舉辦於過世後第二年，七回忌、十三回忌也依此類推。
*2：江戶時代所制定的制度，規定各戶人家必須各擇一宗一寺，加入寺院。加入後即成為「檀家信徒」，必須負責維持寺院的費用及住持的生活。
*3：頭七原本是往生者逝世後第七天所舉辦的法會，但近年來日本人因為考慮到遠道出席者的方便，會提前在葬禮當天舉辦頭七法會。

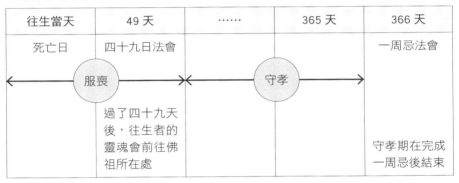

附錄之一

贈禮的規矩

日本文化中以中元和年末贈禮為首，在表達謝意或是喜慶場合、探病時有著送禮的習慣。禮俗上會在講究的禮物上頭裝飾禮簽與水引，可見日本人在送禮這件事上的用心。

◆ 禮簽和水引 禮簽是貼在水引右上方、看起來像是摺紙的飾品，也是自古流傳下來的傳統裝飾。禮簽只能用於喜事，不可用在喪事上。水引是用來固定和紙的細紙繩，綁法有好幾種，一般來説碰上喜事最好使用奇數條水引，喪事則是偶數條。

結婚

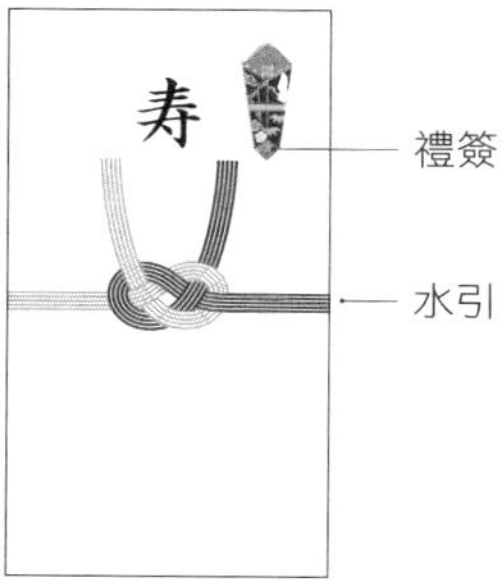

水引會打成死結，顏色選用紅白或金銀兩色。正面會寫上「壽」或「結婚御祝」。

慶祝

水引會綁成蝴蝶結，顏色選用紅白兩色。正面會寫上「御祝」「御入學」。

問候

採用紅白兩色、綁成蝴蝶結的水引，正面會依用途寫上「御礼」「御年賀」「御餞別」「內祝」等 *1。

慰問

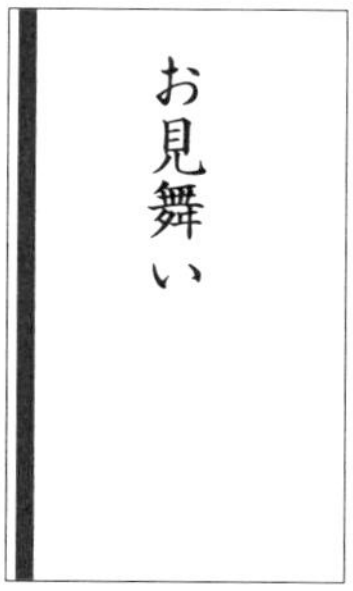

碰到慰問的場合時不會綁水引。一般來説會使用白色信封或是左側有一條粗紅線的信封。

葬禮、法會

水引多半會打成死結，且顏色會選用黑白兩色。正面會寫上「御靈前」等字樣。如果過了往生後第四十九天，則是會寫「御仏（佛）前」。

〈紅白包的背面〉*2

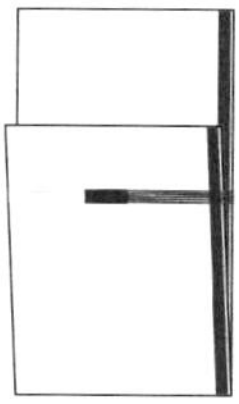

喜事
出於「向上」這樣的意思，會讓下側的紙蓋住上側。

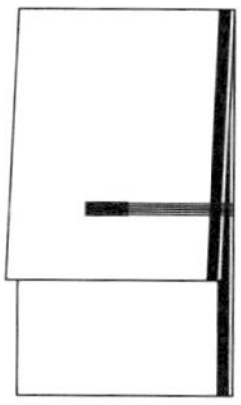

喪事
出於「悲傷難過地低頭」這樣的意思，會讓上側的紙蓋住下側。

◆ 挑選禮物時

挑選禮物時，必須思考的是對方收到什麼樣的東西會感到開心。因此如果先調查清楚對方的喜好、家中有哪些成員、生活方式或興趣，會比較容易挑選。此外，贈送現金或禮券作為禮物時，若覺得單送錢顯得過於露骨，也可以隨同鮮花等其他小東西一起贈送。

◆ 遞交禮物的方式

贈送貼有禮簽的禮物時不能在門口遞交，而是要在進入室內後才能遞給對方。禮貌上必須雙手遞交，並且禮物的正面要朝向對方。

◆ 回禮的時機與金額

收到禮物後必須回禮。不過如果是中元或年末贈禮、慰勞禮品或受災時的慰問禮品則不須回送。

祝賀結婚	婚禮後的 1 個月內。金額為所收到的禮金 1/2 左右的禮物
法事	當天回禮。金額為 2000 ～ 5000 日幣左右
葬禮	在四十九天法會結束後回贈金額約為奠儀 1/2 ～ 1/3 左右的禮物
探病慰問	恢復健康後的 1 ～ 2 週內回贈金額約為慰問金的 1/2 ～ 1/3 左右的禮物
祝賀生產	生產後 1 個月內回贈金額約為禮金的 1/2 ～ 1/3 左右的禮物
祝賀就職	在領到第一個月的薪水後購買簡單的小禮物，可以的話親自登門拜訪，並報告自己的近況

〈三種不正確的遞交禮物方式〉

・直接遞交用布包巾包裹的禮物有失禮儀
・遞交沒有包裝的禮物有失禮儀
・從百貨公司等購物紙袋中掏出禮物後遞交給對方

*1：「御礼」是表達謝意的贈禮，「御年賀」是祝賀新年的禮物，「御餞別」是餞別禮物，「內祝」是送給近親或是好朋友的禮物。
*2：日本的紅白包最外層會用和紙包裹起來，包裹時必須自己摺，且喜事跟喪事的摺法不同。

附錄之二

書信的規矩

不管是符合季節的應酬語，或是根據書信內容而有所變化的提稱語和結尾敬辭，日本的書信中有著優雅的韻律與規矩。現在這個年代雖然就連賀年明信片都被手機訊息給取代，但要表示感謝之意或是向長輩致意時，還是親筆寫信最為誠懇。

◆ 書信的規矩

寫信也是有規矩的，一封信的構成內容如下：前言（提稱語、季節的應酬語、諸如「一切是否安好」這樣的問候話語）→正文（要傳達的事項）→結尾（附上「多加保重」等掛記對方身體的話語）→署名（日期、署名、收件人姓名）→附言（漏記的事項用「追伸」補記）。

謹啟

新綠之際，山田先生一家人想必都健康安好。前陣子我們夫妻倆結婚，承蒙您慷慨致贈禮金，對此由衷感謝。

雖然微不足道，但為表感謝之意，我們另外郵寄了略表心意的禮物，敬請笑納。

我們夫妻兩人雖然都尚不成氣候，但今後將會同心協力營造開朗的家庭生活。

今後還請多加賜予指教與鞭策。

最後由衷敬祝山田先生全家健康、家運興隆。

謹啟

令和二年五月八日

佐藤太郎

花子

山田一郎樣

提稱語與結尾敬辭

開頭的提稱語和文末的結尾敬辭是成雙成對的。不過碰到喪事或寫賀年明信片、暑中問候信時，習慣上會省略提稱語跟結尾敬辭。

- 基本用語
  拜啟→敬具
- 更為恭敬的用語
  謹啟→敬白
- 迫切的書信內容
  急啟→早早
- 省略季節的應酬語時
  前略→早早
- 寫信者為女性時
  無提稱語→誠惶誠恐

◆ 尊稱他人的用語

〇〇様	包含長輩在內，適用於所有對象
〇〇殿	長輩稱呼晚輩時使用
〇〇御中	使用對象為公司部門等，對方有多數人存在時

◆ 季節的應酬語

在季節的應酬語中可見自古流傳下來的優雅語句。

1月（睦月）	初春之際、大寒之際、嚴寒之際、年節已過、 寒意益發逼人
2月（如月）	立春之際、春寒之際、向春之際、寒意依舊之時節、 春寒料峭
3月（彌生）	早春之際、春分之際、春景之際、春意日漸濃厚
4月（卯月）	春陽之際、春暖之際、花寒之際、櫻花盛開之際、 時序進入春意盎然之時節
5月（皐月）	晚春之際、新綠之際、薰風之際、立夏之際、 時序進入嫩葉耀眼動人之時節
6月（水無月）	梅雨之際、入梅之際、初夏之際、麥秋之際、 向夏之際、時序進入繡球花盛開之時節
7月（文月）	盛夏之際、酷暑之際、大暑之際、七夕之際、 時序進入土用、盛暑之際特此問候
8月（葉月）	殘暑之際、晚夏之際、處暑之際、酷暑依舊、 殘暑之際特此問候
9月（長月）	初秋之際、涼風之際、秋景之際、秋意漸增、 日夜益發涼爽
10月（神無月）	秋雨之際、冷秋之際、秋意似錦之際、秋月之際、 時序進入秋高馬肥之時節
11月（霜月）	晚秋之際、深秋之際、秋風吹拂之際、向寒之際、 秋意日益濃厚
12月（師走）	師走之際、初冬之際、年末之際、 鎮日繁忙、今年亦復所剩無幾

附錄之三

飲食的規矩

我們每天除了跟家人一起吃飯以外，也會參加聚餐跟宴會等，跟家人以外的人吃飯的機會意外地多。用餐時的禮節自然是不在話下，其他像是上位座與下位座等入座的規矩，以及有助於美味享用餐點的用筷禮儀等飲食規矩最好也要有所了解。

◆ 上位座與下位座

座位是有分席次（座位順序）的，在古時候的集會上，座位是依身分、家世、年齡等來決定順序的。而這一點同樣也適用於一家人圍繞著地爐入座的場合。即使是在現代，也依然保留了讓客人或是長輩入座上位座，招待客人的一方或是晚輩入座下位座的習俗。

和室

和室的座位順序是以壁龕為基準。背對壁龕的座位為上位座，接著則是以靠近壁龕的位置依序入座。

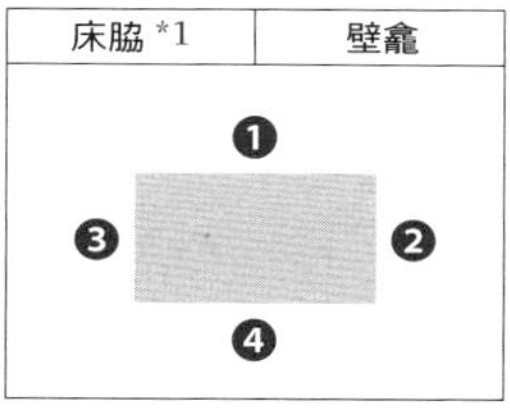

以靠近壁龕的位置開始依序由長輩入座。

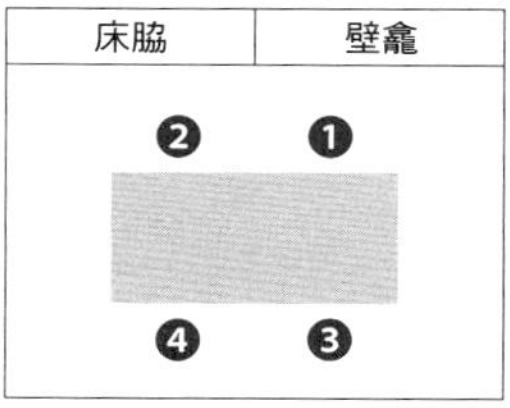

最靠近壁龕的座位為上位座，接著是其隔壁的座位，再來是其對面的座位。

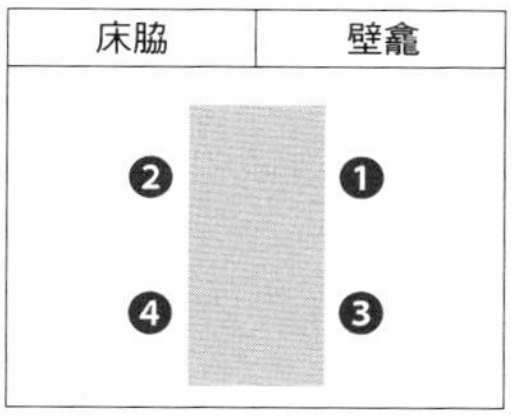

桌子與壁龕呈垂直角度擺放時也是依照距離壁龕最近的座位依序入座。

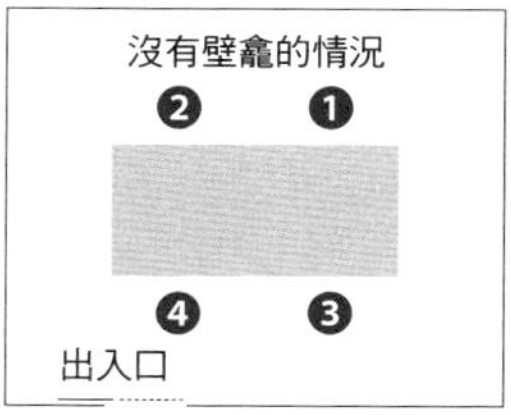

房間中沒有壁龕時，離入口遠的座位為上位座，離入口近的座位為下位座。

西式房間

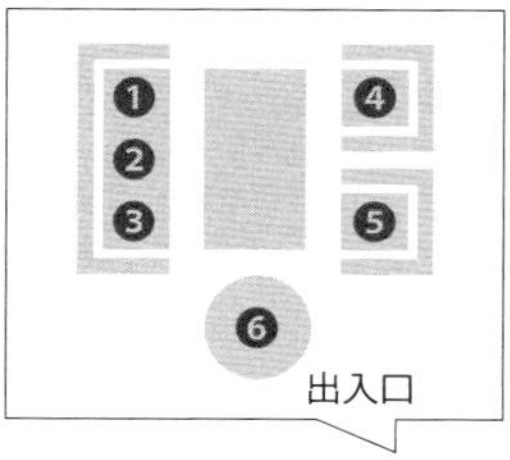

椅子的種類若是不一，會從坐起來較舒服的座位開始依序入座。入座順序基本上是從距離入口遠處的座位開始。

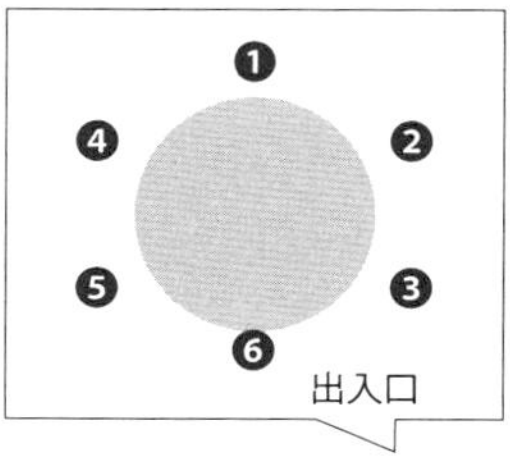

遇到圓桌時，距離入口最遠處的座位為上位座。之後會依序從遠離入口處的座位入座。

◆ 用筷禮節

使用筷子時，正確地拿握這一點自然不在話下，要特別留意的是筷子的用法。為了避免讓一起進餐的人心生不悅，讓我們一同來確認用筷的禁忌吧。

用筷的禁忌

架筷

忌諱吃飯吃到一半時將筷子架在碗上。

插筷

忌諱將筷子插進食物後吃。

立筷

忌諱將筷子插到裝入碗中的飯上。

拾筷	忌諱用筷子與筷子傳遞食物
持筷	忌諱在手持筷子的情況下用同一隻手拿碗盤
移筷	忌諱用筷子移動碗盤
迷筷	忌諱在猶豫吃哪道菜時拿著筷子在碗盤上方游移
探筷	忌諱將筷子深入料理中夾取
握筷	忌諱用握著的方式拿筷子
拜筷	忌諱雙手合十後將筷子夾在大拇指與食指間
切筷	忌諱兩手各拿一隻筷子將料理切分開來
舔筷	忌諱將筷子放入嘴裡舔

◆ 拍手賀成

在聚餐或是宴會的場合上慶祝一項活動或是某件事順利結束時，有個習俗是會搭配吆喝聲拍手，以示慰勞之意。順道一提，吆喝聲中第一聲的「呦」是從「祝賀」這個詞轉化而來[*2]。

一回賀成	結束吆喝後，用「三拍、三拍、三拍、一拍」的節奏鼓掌一次
三回賀成	結束吆喝後，用「三拍、三拍、三拍、一拍」的節奏反覆鼓掌三次
一回賀成	結束吆喝後只鼓掌一聲，別名為「關東一本締[*3]」

*1：壁龕旁邊的空間。
*2：吆喝聲的第一聲在日文中為「イヨー（iyo）」，而祝賀則是「祝おう（iwaou）」。
*3：「一回賀成」在日文中漢字寫作「一本締」，而「關東一本締」即為關東地區式的一回賀成，由來據說是因為江戶人的性子比較急，想盡可能縮短三回賀成的時間而演化來的。這樣的賀成習俗只見於東京及其周邊地區。

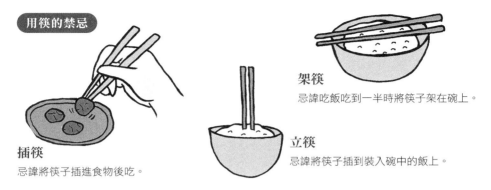

日本習俗超圖解

深植日本人生活的開運方法

眠れなくなるほど面白い　図解　日本のしきたり

監　　修　千葉公慈
譯　　者　李佳霖
裝幀設計　李珮雯（PWL）
版面設計　黃畇嘉
責任編輯　王辰元

發 行 人　蘇拾平
總 編 輯　蘇拾平
副總編輯　王辰元
資深主編　夏于翔
主　　編　李明瑾
業務發行　王綬晨、邱紹溢、劉文雅
行銷企畫　廖倚萱

出　　版　日出出版
231030新北市新店區北新路三段207-3號5樓
電話：（02）8913-1005　傳真：（02）8913-1056

發　　行　大雁出版基地
231030新北市新店區北新路三段207-3號5樓
電話：（02）8913-1005　傳真：（02）8913-1056
Email：andbooks@andbooks.com.tw
劃撥帳號：19983379　戶名：大雁文化事業股份有限公司

二版一刷　2024年6月
定　　價　420元
I S B N　978-626-7460-60-3
I S B N　978-626-7460-56-6(EPUB)

國家圖書館出版品預行編目（CIP）資料

日本習俗超圖解：深植日本人生活的開運方法 / 千葉公慈監修；李佳霖譯．-- 二版．-- 新北市：日出出版：大雁出版基地發行, 2024.6
面；公分．--
譯自：眠れなくなるほど面白い　図解　日本のしきたり
ISBN 978-626-7460-60-3（平裝）
1. 風俗　2. 日本

538.831　　113007787